UM BOM CHORO

NIKKI GIOVANNI

Um bom choro
O que aprendemos com lágrimas e risos

Tradução
Nina Rizzi

Copyright © 2017 by Nikki Giovanni

Grafia atualizada segundo o Acordo Ortográfico da Língua Portuguesa de 1990, que entrou em vigor no Brasil em 2009.

Título original
A Good Cry: What We Learn from Tears and Laughter

Capa
Victor Burton

Foto de capa
Deborah Feingold

Preparação
Cristina Yamazaki

Revisão
Valquíria Della Pozza
Ana Maria Barbosa

Dados Internacionais de Catalogação na Publicação (CIP)
(Câmara Brasileira do Livro, SP, Brasil)

Giovanni, Nikki
  Um bom choro : O que aprendemos com lágrimas e risos / Nikki Giovanni ; tradução Nina Rizzi. — 1ª ed. — São Paulo : Companhia das Letras, 2023.

  Título original : A Good Cry : What We Learn from Tears and Laughter.
  Edição bilíngue : português/inglês.
  ISBN 978-65-5921-567-6

  1. Poesia norte-americana I. Título.

23-154173   CDD-811.3

Índice para catálogo sistemático:
1. Poesia : Literatura norte-americana 811.3

Tábata Alves da Silva – Bibliotecária – CRB-8/9253

Todos os direitos desta edição reservados à
EDITORA SCHWARCZ S.A.
Rua Bandeira Paulista, 702, cj. 32
04532-002 — São Paulo — SP
Telefone: (11) 3707-3500
www.companhiadasletras.com.br
www.blogdacompanhia.com.br
facebook.com/companhiadasletras
instagram.com/companhiadasletras
twitter.com/cialetras

Para Ginney Fowler, que me amparou todos esses anos
Pat-pat chama você de Gee-gee

For Ginney Fowler, who has put up with me all these years
Pat-pat wants to call you Gee-gee

Sumário

Herança (para Walter Leonard)
    Heritage (for Walter Leonard) 12
Pão
    Bread 14
Ursos na primavera
    Bears in Spring 16
Baby West
    Baby West 18
Um poema para Joanne (O tempo todo)
    A Poem for Joanne (All the Time) 26
Espaço: nossa fronteira
    Space: Our Frontier 28
Nikki Giovanni: um olhar sobre o desenvolvimento desta pequena empresa
    Nikki Giovanni: A Look at the Development of This Small Business 34
Um poema para Morris
    A Poem for Morris 44
Um haiku para Marte
    A Haiku for Mars 46
Ashley Bryan (na alegre celebração de seu nonagésimo aniversário)
    Ashley Bryan (On the Joyous Celebration of His Ninetieth Birthday) 48
Se eu tiver que ir ao hospital
    If I Have to Hospital 52
Onde fica Lincoln Heights
    Lincoln Heights Sits 56

Formação de caloura
Education Early On 60
Voleibol: um balé (para #17)
Volleyball: A Ballet (for #17) 62
Tem uma escola
There Is a School 66
O passado... O presente... O futuro
The Past... The Present... The Future 70
Konko sob a chuva (para e em dívida com
Kwame Alexander)
*Konko in the Rain (for and in debt to
Kwame Alexander)* 76
Os pés de Touré
Toure's Feet 78
Sede
Thirst 82
Para Ruby Dee
For Ruby Dee 86
Fisk: a turma de 1964
Fisk: The Class of 1964 88
Pais (para Jack)
Fathers (for Jack) 94
Big Maybelle
Big Maybelle 98
O capelo vale a pena: uma introdução
The Tassel's Worth the Hassle: An Introduction 104
A mosca na parede
The Fly on the Wall 110
Epicurista (para Joe, que cozinha)
Epicure (for Joe who cooks) 112
Num dia de neve (para Morgan, que enfrentou
bravamente o clima)
*On a Snowy Day (for Morgan who braved
the weather)* 114

Black Lives Matter (não é uma hashtag)
  Black Lives Matter (Not a Hashtag) 120
Chega mais
  Step a Little Closer 124
Um poema (para Ethel Morgan Smith e Lucy)
  A Poem (for Ethel Morgan Smith and Lucy) 128
Eu casei com minha mãe
  I Married My Mother 132
Nós, também
  We, Too 136
Nós Marchamos (comemorando o 100º aniversário da fundação da Irmandade da Sororidade Delta Sigma Theta)
  We Marched (Celebrating the 100th Anniversary of the Founding of the Sisterhood of Delta Sigma Theta Sorority) 140
O Jubileu de Diamante
  The Diamond Anniversary 146
Rita Dove (no Furious Flower Poetry Center, 2014)
  Rita Dove (at Furious Flower 2014) 150
O velho homem da montanha (para Charles Steger)
  The Old Man of the Mountain (for Charles Steger) 154
Rotinas para o café da manhã
  Morning Breakfast Routines 158
Poseidon ouve seu filho chorar
  Poseidon Hears His Baby Boy Crying 162
NYC (Antes e Agora)
  NYC (Then & Now) 166
Vigilância
  Surveillance 168
Sopa de outono (para o presidente da Virginia Tech, Timothy Sands)
  Autumn Soup (for President Timothy Sands) 172

Pedra Hokie (para Tom Tillar)
Hokie Stone (for Tom Tillar) 176
Introdução para Tim O'Brien
Introduction for Tim O'Brien 180
Vamos chamar de amor
Let's Call It Love 184
SALTO para pontes (para Donna Maria Smith)
L.E.A.P. for Bridges (for Donna Maria Smith) 188
Afeni (22 de janeiro de 1947–2 de maio de 2016)
Afeni (b. 22 January 1947–d. 2 May 2016) 192
Relembrando Maya
Remembering Maya 196
Uma desculpa sincera
A Sincere Apology 202
Relembrando Maya para a *Ebony Magazine*
Remembering Maya for Ebony Magazine 208
Em momentos como este (para Maya Angelou)
At Times Like These (for Maya Angelou) 214
Tempestades de verão
Summer Storms 218
Mesmo quando era uma garotinha
Even as a Little Girl 220
Eu jogo futebol (para Kevin Jones)
I Play Football (for Kevin Jones) 224
O museu (enfim)
The Museum (At Last) 230

Nota da tradução 237

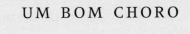

Heritage
(for Walter Leonard)

The folk here
Are old
There are wheel
Chairs and people
Struggling
To push them

There are sad
eyed people looking
Up from beds they
Cannot stretch out
In

And some simply cannot
Move their heads

All will become something precious
Sapphires ... Emeralds ... Rubies which
Will be discovered
By other explorers who
Will polish and shape
The stones

And we will wear them
Never knowing
Whose loved one
We have
Embraced

Herança
(para Walter Leonard)

O pessoal aqui
É velho
Tem cadeiras
De rodas e pessoas
Pelejando
Para empurrá-las

Tem pessoas
de olhos tristes olhando
Por cima das camas
Sem conseguir
Se esticar

E outras simplesmente não conseguem nem
Mexer a cabeça

Tudo vai se transformar em algo precioso
Safiras... Esmeraldas... Rubis que
Serão descobertos
Por outros exploradores que
Vão lapidar e polir
As pedras

E nós as usaremos
Sem nunca saber
Por quem eram
Amadas as pessoas
Que abraçamos

Bread

I was dreaming
I must have been
Asleep
There was a loaf
Of bread
Yeast not sweet
Crusty warm
Inside
I sliced a thick slice
Spreading unsalted butter
From crust to crust
All I needed was Parmesan cheese
To shake

The butter
Dripped
On my fingers
I was so happy
I laughed aloud
Almost waking
Myself
up

Pão

Eu estava sonhando
Acho que devo ter
Adormecido
Tinha um pedaço
De pão
Caseiro sem ser doce
Crocante quentinho
Por dentro
Fatiei uma fatia farta
Espalhando manteiga sem sal
De bocado em bocado
Só precisava de queijo parmesão
Para misturar

A manteiga
Derretia
Nos meus dedos
Estava tão feliz
Ri horrores
Tanto que
Quase me
Acordei

Bears in Spring

They think
We don't understand

We are looking
From the woods
While they are driving
By

We tell our children
Not to run
In front
of
cars
and
trucks
and
buses

We need to tell
the cars
and
trucks
and
buses
Not to run
Into
Our children

Ursos na primavera

Eles pensam
Que não percebemos

Estamos espiando
Aqui da floresta
Enquanto eles dirigem
Por aí

Avisamos aos nossos filhos
Não corram
Na frente
dos
carros
e
caminhões
e
ônibus

Precisamos avisar
aos carros
e
caminhões
e
ônibus
Não corram
Por cima
Dos nossos filhos

Baby West

Baby West my godmother
Died
And left me $50 in
Her will

Where would I be
Without that $50

Mr. Gray who
Drove not taxi but private
Car asked the white man
He was taking
To the airport if he could
Let his "niece" ride
Up front

He also dropped me at
The train station
$10.50 for a ticket
to Knoxville

And a dollar for peppermint

I purchased a 45 RPM
But I don't remember
Which one

Baby West

Baby West minha madrinha
Morreu
E me deixou 50 em
Seu testamento

Onde eu estaria
Sem aqueles 50

Sr. Grey que
Dirigia não táxi mas um carro
Particular perguntou ao passageiro branco
Que levava
Para o aeroporto se podia
Deixar sua "sobrinha" ir
Na frente

Ele também me deixou
Na estação de trem
10,50 uma passagem
para Knoxville

E um dólar para os dropes

Comprei um 45 RPM
Mas não lembro
Qual era

*I spent the summer
With Grandmother
And Grandpapa
Not realizing a man
On a Latin schoolteacher's pension
And a woman who occasionally cooked
For white folk
Could hardly afford
Another mouth to feed
More hot water for baths
Electricity for the Radio WGN until it signed
Off at midnight*

*I had no idea
Grandmother had to beg
A white man to let me
Enroll in Austin High*

*Where I needed clothes
From Miller's and Rich's
Shoes, a coat and stuff
All I knew then
Was the sound
Of my father hitting
My mother every Saturday
Night until I heard
Her say "Gus, please
Don't hit me"
And I knew my choice:*

Passei o verão
Com a vovó
E o vovô
Sem perceber que um homem
Com aposentadoria de professor de latim
E uma mulher que às vezes cozinhava
Para gente branca
Dificilmente poderiam pagar
Outra boca para alimentar
Mais água quente para banho
Eletricidade para a Rádio WGN até o fim da programação
À meia-noite

Eu não fazia ideia
Vovó teve que implorar a
Um homem branco para me
Matricular na Austin High

Onde eu precisava de roupas
Da Miller's & Rich's
Sapatos, casaco e essas coisas
Tudo que eu conhecia
Era o som
Do meu pai batendo na
Minha mãe todo sábado
À noite até que ouvi
Ela dizer "Gus, por favor
Não me bate"
E eu entendi quais eram meus caminhos:

Leave or kill him

Both were sad

I am in the hospital
Room
With yellow tulips
From Nancy and Diana
And a beautiful bouquet
From the English Department

I am trying to learn
How to cry

It's not that my life
Has been a lie
But that I repressed
My tears

We always teach
The youngsters

Don't cry it will be
All right

But crying cleanses

It will not be
All right

Ir embora ou matá-lo

Infelizes, os dois

Estou no quarto
Do hospital
Com tulipas amarelas
De Nancy e Diana
E um buquê lindo
Do Departamento de Inglês

Estou tentando aprender
A chorar

Não é que minha vida
Tenha sido uma mentira
Mas é que reprimi
Minhas lágrimas

Sempre ensinamos
Aos jovens

Não chore vai ficar
Tudo bem

Mas chorar purifica

Não vai ficar
Tudo bem

But we will learn
We can do nothing
About it

I have seizures because
I am thinking of my mother
Being hit by my father

It will not be
All Right

So I must learn
To cry

Mas vamos aprender
Que não podemos fazer nada
A esse respeito

Tenho crises porque
Estou pensando na minha mãe
Sendo agredida pelo meu pai

Não vai ficar
Tudo Bem

Então eu devo aprender
A chorar

A Poem for Joanne
(*All the Time*)

It's usually cold in winter... things rest... people go to the West Indies to bathe in the sun... the fish in my pond go deep and don't come back up until Spring

But Spring blooms everything... greens and reds... and lots of babies... I have to be very careful backing out of my garage not to hurt kittens or squirrels who have only recently been born

They all like the summer... and so do I... sitting on my deck grilling... having a glass of cheap champagne... listening to jazz that's as old as I am... smiling at the flowers

Then autumn sneaks up on us... I watch the trees wrap around themselves... the flowers fold back into the seeds... all the little animals find places to sleep for the coming winter

But I'm lucky... friendship doesn't have a season... Joanne is there smiling no matter what the weather... She is there wishing me well... no matter the season... friendship is all the time

I'm so glad she's always my friend

Um poema para Joanne
(O tempo todo)

Geralmente faz frio no inverno... as coisas descansam... as pessoas vão para as ilhas do Caribe tomar sol... os peixes no meu lago nadam lá no fundo e não voltam até a primavera

Mas na primavera tudo floresce... verdes e vermelhos... e muitos bebês... Tenho que tomar muito cuidado quando saio da garagem para não machucar gatinhos ou esquilos recém-nascidos

Todo mundo gosta do verão... e eu também... sentada na área da churrasqueira... tomando uma taça de champanhe barato... ouvindo um jazz que é tão antigo quanto eu... sorrindo para as flores

Então o outono se aproxima de nós... Vejo as árvores se enroscarem em si mesmas... as flores se dobram de volta às sementes... todos os bichinhos encontram lugar para dormir no inverno que se aproxima

Mas eu tenho tanta sorte... amizade não tem tempo certo... Joanne está lá sorrindo, não importa o clima... Ela está lá desejando o melhor para mim... não importa quando... amizade é o tempo todo

Sou tão feliz por ela ser sempre minha amiga

Space: Our Frontier

We seek Antarctica because we no longer have Middle Passage available.

We seek Antarctica because we who are Appalachian understand the talking of the wind and the quiet of the Midnight Sun.

We seek Antarctica because poetry gave birth to Math and Science... not the other way around.

We seek Antarctica because the creation of America, despite the difficulties, is about Freedom and Adventure.

We the people are simply mammals upright. Just as the nation is having problems accepting choices of mates to legally wed, we will soon have a problem of what is legally a child. I have a son but I also have a girl dog. Question: Is this my daughter? Does my son have a sister?

Space, that final frontier, as **Star Trek** says, will pose questions that may not ever be answered but the one question Space does answer is: Is there another side of the sun? We know the moon has another side but we seek the quiet side of the sun. What life-form does it warm?

Espaço: nossa fronteira

Buscamos a Antártida porque não temos mais disponível a travessia (Atlântica).

Buscamos a Antártida porque nós, que somos Apalaches, entendemos a fala do vento e a quietude do Sol da Meia-noite.

Buscamos a Antártida porque a poesia deu origem à matemática e à ciência... não o contrário.

Buscamos a Antártida porque a criação da América, apesar das dificuldades, diz respeito a Liberdade e Aventura.

Nós, pessoas, somos apenas mamíferos bípedes. Assim como a sociedade não consegue aceitar a escolha de cônjuges que querem se casar legalmente, em breve teremos o problema do que é legalmente uma criança. Tenho um filho, mas também tenho uma cachorra. Pergunta: Ela é minha filha? Meu filho tem uma irmã?

O espaço, essa fronteira final, como dizem em *Jornada nas estrelas*, trará perguntas que talvez nunca sejam respondidas, mas a única pergunta que o Espaço responde é: Existe outro lado do Sol? Sabemos que a Lua tem outro lado, mas buscamos o lado tranquilo do Sol. Que forma de vida ele aquece?

We seek Antarctica because Space is not alien and nothing is out there to kill us. We go on this adventure in friendship.

I think 10 or 12 writers from these Appalachian Hills, from this land that is difficult but not hostile, from these hills that stood for freedom ("We are not going to send our sons to die so that the Shenandoah can have slaves.") should go forth to seek our dreams.

I would want a 6:00 a.m. wake-up of the writers, myself included, get a cup of coffee, if they would like, and go immediately but not necessarily hurriedly, to our computers and share our dreams. We know that matter is neither created nor destroyed so there must be something that will talk to us in our dreams. We have sent photographers, engineers, other science folk to Antarctica. It's time for the writers to serve. It's time to bring an experience of the imagination to bear on the closest thing we have to Space.

The Morning Blog will belong to the Project; all else that is learned or dreamed belongs to the writer.

I would want an after evening meal get-together where we, the writers, share a glass of wine and our thoughts. Not speaking for any of the other writers, I would use my notes from the evening session to create a world for my readers.

Buscamos a Antártida porque o Espaço não é alienígena e não há nada lá fora para nos matar. Partimos nessa aventura em amizade.

Acredito que dez ou doze escritores desses montes Apalaches, dessa terra difícil mas não hostil, desses montes que representavam a liberdade ("Não vamos mandar nossos filhos morrerem para que os Shenandoah tenham escravos"), devem sair em busca de nossos sonhos.

Gostaria que os escritores acordassem às seis da manhã, eu incluída, tomássemos uma xícara de café, se quiséssemos, e fôssemos imediatamente, mas não necessariamente com pressa, até o computador para contar nossos sonhos. Sabemos que os temas não são inventados nem destruídos, então deve haver alguma mensagem em nossos sonhos. Já enviamos fotógrafos, engenheiros e cientistas para a Antártida. É hora de escritores se apresentarem. É hora de trazer uma experiência da imaginação para atingir o que temos de mais próximo do Espaço.

O Blog da Manhã será patrimônio do Projeto; tudo o mais que é aprendido ou sonhado pertence às escritoras e escritores.

Gostaria de ter uma reunião após o jantar para que nós, escritores, compartilhássemos uma taça de vinho e nossos pensamentos. Sem falar por nenhum dos demais escritores, eu usaria as anotações que faço à noite para criar um mundo a minhas leitoras e leitores.

NASA can rightfully say "Well, why should we spend resources on writers?" Because I believe we, the western nations, are going to privatize Space and only the well-heeled can dream of the stars. Yet it was the Appalachian dreamers who flew the airplanes and engineered the rockets who thought this a wonderful ladder we all should climb. We need our youngsters in America and especially the inner city and country hollers to dream of New Frontiers.

I see this as an Appalachian project since we are homogeneous. At some point NASA may have other needs but I see us as a group who are used to quiet, used to our own company, used to our dreams as the perfect beginning.

I see once again America leading as Planet Earth goes forward.

We need poetry. We need dreams. We need to offer to serve the future. We need the marriage of Appalachia and Antarctica for Space.

We do.

A Nasa pode dizer com razão "Bem, por que devemos gastar recursos com escritores?". Porque acredito que nós, as nações ocidentais, vamos privatizar o Espaço, e só os ricos podem sonhar com as estrelas. No entanto, foram os sonhadores Apalaches que pilotaram os aviões e projetaram os foguetes que criaram esta escada maravilhosa que todos nós deveríamos subir. Precisamos que nossos jovens nos Estados Unidos e especialmente das periferias e do campo sonhem com Novas Fronteiras.

Vejo isso como um projeto dos Apalaches, já que somos semelhantes. Em algum momento a Nasa pode ter outras necessidades, mas nos vejo como um grupo acostumado ao silêncio, acostumado à nossa própria companhia, acostumado aos nossos sonhos — somos um começo perfeito.

Vejo mais uma vez os Estados Unidos à frente, conforme o planeta Terra avança.

Precisamos de poesia. Precisamos de sonhos. Precisamos nos oferecer para aprimorar o futuro. Precisamos do casamento de Apalache e de Antártida para o bem do Espaço.

Nós precisamos.

Nikki Giovanni: A Look at the Development of This Small Business

I'm a small business, I tried to explain to the interviewer.

When I was young my family lived at 1038 Burns Avenue in Wyoming, Ohio, a suburb of Cincinnati, in an apartment building. Aunt Lil and Uncle Rich lived across the hall. I really think my very first job was babysitting the Harris kids. I was always a night owl. There are probably reasons for that that I should explore at some point, but not here. Dr. Harris and his wife, whose name I can't remember, liked to dance. They had two boys. The Harris kids were too young to stay by themselves so when my parents and Dr. Harris and his wife went out to nightclub I was asked to stay with the boys. Or maybe my mother didn't want me home alone. It's strange how you think you understand why something happened then later you realize that you didn't. Anyway, this was during the era of 78 records and the Harrises had a great Nat King Cole collection. My favorite was "I Love You for Sentimental Reasons." There was and still is something about the softness of the rhythm that I love. I would sit in the library and play it over and over. I thought I stayed up all night but I clearly must not have. I'd wake up in the morning in my bed which meant I had been carried home. But I always made a couple of dollars. I have a sister, Gary, and she was three years older than I so I don't know why I worked and she didn't. Maybe she had friends or maybe she was visiting my father's relatives because we always

Nikki Giovanni: um olhar sobre o desenvolvimento desta pequena empresa

Sou uma pequena empresa, tentei explicar ao entrevistador.

Quando era mais nova, minha família vivia num prédio na avenida Burns, 1038, em Wyoming, Ohio, um subúrbio de Cincinnati. Tia Lil e tio Rich moravam do outro lado do corredor. Acho que meu primeiro trabalho foi cuidar das crianças da família Harris. Sempre fui uma coruja noturna. Provavelmente existem motivos para explicar isso que eu deveria explorar em algum momento, mas não aqui. Dr. Harris e sua esposa, cujo nome não me lembro, gostavam de dançar. Tinham dois filhos. As crianças Harris eram muito novas para ficar sozinhas, então quando os meus pais e o dr. Harris e sua esposa iam para a discoteca eles pediam para eu ficar com os meninos. Ou talvez minha mãe não quisesse me deixar sozinha em casa. É estranho como você acha que entende o motivo de algo ter acontecido e depois percebe que não. Seja como for, isso foi na época dos discos de 78 RPM e os Harris tinham uma ótima coleção de Nat King Cole. Minha favorita era "(I Love You) For Sentimental Reasons". Na suavidade daquele ritmo tem algo que eu adorava, que ainda adoro. Eu sentava na biblioteca e ouvia e ouvia sem parar. Achava que ficava a noite toda acordada, mas claro que não devia ficar. De manhã eu acordava na minha cama, o que queria dizer que tinha sido carregada para casa. Mas sempre

visited my mother's relatives, Grandmother and Grandpapa, together so maybe Gary was in Columbus with Aunt Gladys and Uncle Bill. At any rate she always seemed to be home when it was time to go to the nickel-and-dime store to help me spend my money. I didn't have enough sense to mind.

Aunt Lil and Uncle Rich didn't have any children. In the morning they had a bit of breakfast then went off to work. Uncle Rich was a chauffeur and I really don't know what Aunt Lil did but they both left early. I know I was in school then because my after-school job was washing their breakfast dishes at twenty-five cents a day. I still don't know where Gary was but she was probably at home as it was schooltime. I did the dishes, got paid $1.25 on Saturday and Gary would show up to help me find what I needed. Sometimes she would sell me one of her old sweaters that I had liked. I didn't realize that I was getting the short end. Which is probably just as well... I was happy.

My parents, like a lot of parents I imagine, fought. Maybe that's why I don't sleep well at night. It finally got to be more than I could handle. We had moved by then to our own home in Lincoln Heights so there were no neighbors close by to motivate my father to contain his rage. Gary had friends but I am not friendly so I listened on Friday nights and Saturday nights to the arguments and fights. No. I listened to

ganhava uns trocados. Tenho uma irmã, Gary, três anos mais velha, e não sei por que eu trabalhava e ela não. Talvez tivesse amigas ou estivesse visitando os parentes do meu pai já que sempre visitávamos juntos os parentes da minha mãe, a vovó e o vovô, então talvez Gary estivesse em Columbus com a tia Gladys e o tio Bill. Em todo caso, ela sempre parecia estar em casa quando era hora de ir me ajudar a gastar meu dinheiro. Eu ainda não tinha noção para me importar.

Tia Lil e tio Rich não tinham filhos. Quando amanhecia, eles tomavam café e iam trabalhar. Tio Rich era motorista e não sei bem o que tia Lil fazia, mas os dois saíam cedo. Sei que eu ia para a escola porque meu trabalho depois da aula era lavar a louça do café da manhã a 0,25 por dia. Continuo sem saber onde Gary andava, mas devia estar em casa na hora da escola. Eu lavava a louça, recebia 1,25 no sábado e Gary aparecia para me ajudar a encontrar o que eu precisava. Às vezes, ela me vendia um de seus casacos velhos de que eu gostava. Eu não percebia que saía perdendo nessa. O que provavelmente é bom... Eu era feliz.

Meus pais, como muitos pais, imagino, brigavam. Talvez seja por isso que eu não durmo bem à noite. Em algum momento isso se tornou mais pesado do que eu poderia aguentar. Na época, tínhamos mudado para a nossa casa em Lincoln Heights e lá não havia por perto vizinhos que pudessem conter a raiva do meu pai. Gary tinha amigas, mas eu não, então eu ouvia as

my father curse and hit my mother. There was no balance. I needed to move. Which I did. To my grandparents'.

Grandmother, I know, knew the difficulties of my mother's marriage. When I asked if I could stay she said yes. Now I had to find a way to be useful. No one said that but I knew. I've always been compulsive. So I did the Spring cleaning when summer began; when I first moved to Grandmother's. I did a good job. Since I have always liked praise when she praised me I did the cupboard next. In Knoxville, Tennessee, at 400 Mulvaney Street we had an old-fashioned cupboard. I took all the cans and jars off the shelves and wiped and waxed the shelves. Then I moved everything off the floor and waxed that. In those days you purchased flour and sugar and things of that nature in big, big bags then transferred them to your tin cans. That meant there was always something on the floor to draw mice. So waxing made the mice less interested. Grandmother's friends who would come for Bridge, or Book Club, or Bible Study or any number of the clubs and associations Grandmother belonged to would always compliment her on how the shelves and things looked. She always gave me credit. So now I had a "recommendation" for jobs. Which I gladly took. And I didn't have to share with anyone.

discussões e brigas nas noites de sexta e de sábado. Não. Eu ouvia meu pai xingar e bater na minha mãe. Não havia equilíbrio. Eu precisava me mudar. Foi o que fiz. Para a casa dos meus avós.

Vovó, eu sei, sabia das dificuldades do casamento da minha mãe. Quando perguntei se poderia ficar lá, ela disse que sim. Agora eu precisava encontrar uma maneira de ser útil. Ninguém disse isso, mas eu sabia. Sempre fui compulsiva. Então fiz a faxina geral quando o verão começou, assim que me mudei para a casa da vovó. Fiz um bom trabalho. Sempre gostei de elogios, então quando ela me elogiou ajeitei o armário da cozinha logo em seguida. Em Knoxville, Tennessee, na rua Mulvaney, 400, tínhamos um armário antigo. Tirei todas as latas e os potes das prateleiras e limpei e encerei as prateleiras. Depois tirei tudo do chão e encerei os recipientes. Naquela época, era comum comprar farinha, açúcar e coisas assim em sacos bem grandes e depois transferir o conteúdo para latas. Então sempre tinha restos no chão atraindo ratos. O enceramento do piso, portanto, acabava com o interesse dos ratos. As amigas da vovó que vinham para o Bridge ou para o Clube do Livro ou para o Estudo da Bíblia ou qualquer outro clube e associação de que vovó fazia parte sempre elogiavam a organização das prateleiras e das coisas. Ela sempre me deu o crédito. Então agora eu tinha uma "recomendação" para trabalhar. Peguei essa recomendação com prazer. Não precisava dividir isso com ninguém.

It seems to me I've always been a small business. Now my business is poetry. I am CEO of a three-person company: Niktom. We have an attorney without whom I would be lost; we have an accountant because no matter how little you make you have to look out for Uncle Sam; and we have a scheduler. My scheduler is my lifeline. My mother used to say "If I want you to take me to the movies, I need to ask Ginney." And she was right. Ginney runs the whole show. We have at times hired other folk to help for this or that but my business is to write and my good people are there to let that happen. I am very lucky because Gloria was the first to come aboard. My mother and Gloria were friends and Mommy suggested I get help from Gloria when she, Gloria, opened her own law firm. Gloria was the one who told me I needed an accountant. Since I didn't know anything about accountants I asked her to find one. She recommended her own, Steve, who worked with me until his death from cancer a couple of years ago. Sandra and his wife now run the company. I found Ginney on my own. Or rather Ginney found me. She recruited me to Virginia Tech where I am now a University Distinguished Professor.

If I had to take away any of it: the good, the sad, well... maybe just the reality, I can't imagine what it would be. Those early "jobs" let me know you don't need a lot of money; just enough to take care of your and your sister's needs. Ultimately I was able to get a fur coat for my mother since

Pelo visto, sempre fui uma pequena empresa. Agora meu negócio é poesia. Sou CEO de uma empresa de três pessoas: Niktom. Temos uma advogada, sem a qual eu estaria perdida; uma contadora, porque não importa quão pouco você ganhe precisa cuidar do Tio Sam; e temos uma secretária. Minha secretária é minha tábua de salvação. Minha mãe costumava dizer: "Se eu quiser que você me leve ao cinema, preciso pedir a Ginney". E ela estava certa. Ginney toma conta de tudo. Às vezes, contratamos outras pessoas para ajudar em uma coisa ou outra, mas meu negócio é escrever, e meu pessoal está lá para permitir que isso aconteça. Tive muita sorte porque Gloria foi a primeira a embarcar nessa. Minha mãe e Gloria eram amigas e mamãe sugeriu que eu procurasse a ajuda de Gloria quando ela, Gloria, abriu o próprio escritório de advocacia. Gloria foi quem me disse que eu precisava de um contador. Já que eu não sabia nada sobre contadores, pedi que encontrasse alguém. Ela recomendou o seu próprio contador, Steve, que trabalhou comigo até morrer de câncer, alguns anos atrás. Sandra e sua esposa agora dirigem a empresa. Encontrei Ginney sozinha. Ou melhor, Ginney me encontrou. Ela me recrutou para a Universidade Virginia Tech, onde agora sou professora titular.

Se tivesse que tirar algo disso tudo: o bom, o triste... Bem, talvez apenas a realidade, não consigo imaginar o que seria. Esses primeiros "empregos" me permitiram saber que não é preciso ter muito dinheiro; apenas o suficiente para cuidar das próprias necessidades

everyone else I knew had a mink. I didn't really want one for the longest time but that is another story. My mother should not be going to affairs where my work was being honored in a cloth coat when every other woman had a mink. I also paid off our second home and then bought Mommy a home here in Blacksburg. So I think money is a good idea and you certainly need some but chasing a dollar will make you crazy. I'm just me. Still happy. Still sane. Still a small business trying to continue doing good work.

e das de sua irmã. Finalmente consegui um casaco de pele para minha mãe, já que todas as pessoas que eu conhecia tinham um vison. Por muito tempo eu não quis mesmo ter um desses, mas isso é outra história. Minha mãe não podia ir a ocasiões em que homenageavam meu trabalho usando um casaco simples quando todas as outras mulheres tinham um vison. Também paguei nossa segunda casa e comprei uma casa para mamãe aqui em Blacksburg. Portanto, acho que dinheiro é uma boa ideia e sem dúvida precisamos dele, mas viver correndo atrás de grana deixa você louca. Eu sou apenas eu. Ainda sou feliz. Ainda sou saudável. Ainda sou uma pequena empresa que tenta continuar fazendo um bom trabalho.

A Poem for Morris

M is for Marvelous which he is
O is only that he's growing Old
R is that he's Really quite a fellow
R is that he's really Really great
I I'm not the only one who loves him
S is Simply everybody does

Put them all together they spell Morris whose laughter is
    like sunshine from above

Um poema para Morris

Morris é tão Maravilhoso
Olha ele é mesmo O cara
Realmente é um cara e tanto
Radiante e bom companheiro
Impossível não amá-lo
Sim todo mundo o ama

Junte cada letra de seu nome e forme Morris. Seu
 sorriso é como o sol brilhando lá de cima

A Haiku for Mars

When the man in the moon smiles
The men on Mars dance
To the shadows
Of lonely love
Of lonely lonely lonely
love

Um haiku para Marte

Quando o homem na Lua sorri
Os homens em Marte dançam
Para as sombras
De amor sem-par
De sem-par sem-par sem-par
amor

Ashley Bryan
(On the Joyous Celebration of His Ninetieth Birthday)

One head
not too big

two eyes though
one will do…
but at least
one

two ears not necessarily
other than for balance

broad shoulders
we are after all
describing a man

two hands
two arms
surely only half needed
and with strong teeth
not even that

two legs
two feet
mostly for locomotion
but again
consider the options:
one mostly travels
in one's head

Ashley Bryan
(na alegre celebração de seu nonagésimo aniversário)

Uma cabeça
não tão grande

dois olhos, embora
um resolva...
mas pelo menos
um

duas orelhas não necessariamente
para equilibrar

ombros largos
afinal de contas estamos
descrevendo um homem

duas mãos
dois braços
certamente metade seria necessária
e com dentes fortes
ou nem tanto

duas pernas
dois pés
sobretudo para locomoção
mas de novo
considere as opções:
uma parte viaja principalmente
dentro da cabeça

and of course a heart
a very big heart with two pockets
one to pump
and a side pocket to deposit
and dispense
love

don't forget a smile
and a hearty laugh
wrapped up
in a gentleness:

Ashley

e a outra é lógico no coração
um coração muito grande com dois bolsos
um para bombear
e um bolso lateral para guardar
e partilhar
amor

não esquecer um sorriso
e uma gargalhada gostosa
envolvida
em gentileza:

Ashley

If I Have to Hospital

If I have to
Hospital
Please let it
Be in Appalachia
With the nasal voices
And soft smiles

Are the hospitals so
Efficiently run
Because of the Hatfields
And the McCoys
A lot of practice
Time

My arm is tattooed
By a nurse
Who can't find
My vein

I am here
Because I can't
Remember

A mild seizure
Like a little bit
In love
Brings palpitations

Se eu tiver que ir ao hospital

Se eu tiver que ir ao
Hospital
Por favor que seja
Nos Apalaches
Com as vozes nasaladas
E os sorrisos suaves

Será que os hospitais são tão
Eficientes
Por causa dos Hatfields
E dos McCoys?
É muito tempo de
Prática

Meu braço é tatuado
Por uma enfermeira
Que não consegue achar
Minha veia

Estou aqui
Porque não consigo
Me lembrar

Uma leve convulsão
Parece que uma pontinha
De paixão
Traz palpitações

We don't know why

The medicine for love
Is sex
The medicine for seizure
Is _____

Somehow it doesn't
Seem to balance

Hospitals are like Grandmothers
How's my baby this morning
And they give you food
You don't want to eat
And needles that hurt

And you smile
Because you know
They know
You want to get well
Without
Somehow
Having to leave
them

Não sabemos por quê

O remédio para o amor
É sexo
O remédio para a convulsão
É _____

Seja como for
Não parece funcionar

Os hospitais são como avós
Como meu benzinho acordou hoje
E eles te dão comida
Que você não quer comer
E agulhas que te machucam

E você sorri
Porque sabe que
Eles sabem
Que você quer ficar bem
Sem
De jeito algum
Ter que
deixá-los

Lincoln Heights Sits

Lincoln Heights sits
On a Hill
Named for Abraham
Some buy houses
Some rent the Valley Homes

The Isley Brothers
Sing
Michael came to
Cincinnati to learn
Ronald's secrets
But He didn't have
The Mother to teach
The grace

Mrs. Isley moved
Her boys to Blue Ash
Where Vernon was run
Over by a car
But Rudolph, O'Kelly
And Ronald went
On to Reign as
The Kings of Rock'n'Roll

Lincoln Heights
A little bit of the River City
Produced Carl Westmoreland

Onde fica Lincoln Heights

Lincoln Heights fica
Numa colina
Seu nome vem de Abraham
Alguns compram casas
Alguns alugam casas ali

The Isley Brothers
Cantam
Michael veio
A Cincinnati para aprender
Os segredos de Ronald
Mas Ele não teve
Mãe para ensinar
A oração

Sra. Isley mandou
Seus meninos para Blue Ash
Onde Vernon foi atropelado
Por um carro
Mas Rudolph, O'Kelly
E Ronald passaram
A Reinar como
Os Reis do Rock'n'roll

Lincoln Heights
Um pedacinho de River City
Produziu Carl Westmoreland

*And almost one-third
Of the schoolteachers in
Cincinnati*

*The mighty mighty Isley
Brothers said:
You make Me want
To Shout*

*I picked up pop
Bottles from the street
For peppermint sticks*

*If Mommy had known
She would have been
appalled
What else
Really matters*

E quase um terço
Dos professores em
Cincinnati

Os poderosos poderosos Isley
Brothers disseram:
Você Me faz querer
Gritar

Troquei as garrafas
Do papai na rua
Por bengalinhas de hortelã

Se a Mamãe soubesse
Ela teria ficado
espantada
O que mais
Importa de verdade

Education Early On

My favorite memory of my first years at Fisk is the Dining Hall waiting. We had to dress for dinner Monday through Friday. Saturday we could wear jeans to lunch and Sunday we only had lunch and a dinner bag. Monday through Friday was my favorite. We all would dress in, if not our finest, at least something very very nice. Stockings and heels. And we all went early not at all because we were hungry, or at least, I should speak for myself. I don't ever remember being "hungry," but the dinner line gave us a chance to look each other over. One of my favorite look-overs was Reginald Guice. He smoked a pipe which I thought was so cool. He seemed the epitome of sophistication and when I realized that I, an Early Entrant, had attracted the attention of Reggie, a junior, I was in Heaven. Of course, I lost 12 pounds my first semester because I generally gave my dinner to someone who seemed hungrier but I dated Reggie. I think I won.

Formação de caloura

Minha memória favorita dos meus primeiros anos na Universidade Fisk era a espera no refeitório. Tínhamos que nos arrumar para o jantar de segunda a sexta-feira. Sábado podíamos usar jeans para o almoço, e no domingo só almoçávamos e à noite recebíamos uma marmita. Segunda a sexta-feira eram meus dias favoritos. Todos nos vestíamos, se não com nossas melhores roupas, pelo menos com algo muito muito bom. Meias e saltos. E chegávamos cedo, não por estarmos com fome, quer dizer, pelo menos não eu. Não me lembro de estar "com fome", mas a fila para o jantar nos dava a chance de olhar uns para os outros. Eu gostava de dar uma boa olhada no Reginald Guice. Ele fumava um cachimbo que eu achava muito legal. Ele parecia o epítome da sofisticação e quando percebi que eu, uma caloura, havia atraído a atenção de Reggie, um veterano, me senti no céu. Lógico, perdi cinco quilos no primeiro semestre porque acabava dando meu jantar a alguém que parecia mais faminto, mas namorei Reggie. Acho que saí ganhando.

Volleyball: A Ballet
(for #17)

Like a Fairy Queen's
Wand
The Starry tip in
The hands of the server
Strikes the ball

It flies
Over the net
Into the crossed
Wrists which bounce
It up
And over
And up and over
On tippy toes

Number 17 gently rolls
It over
To an empty spot
On the floor

Volleyball is not
A sport
It is a Ballet suite
We give points to
As we sway back and forth

Voleibol: um balé
(para #17)

Como a varinha de uma Rainha
das Fadas
A ponta estrelada nas
Mãos do levantador
Saca a bola

Ela voa
Sobre a rede
Rumo a pulsos cruzados
Que saltam
Para o alto
E mais
E mais alto e mais
Na pontinha dos pés

O número 17 lança suave
Para o alto
Para o ponto
Na quadra

Voleibol não é
Um esporte
É um passo de balé
Fazemos pontos enquanto
Dançamos dois pra lá dois pra cá

It's a grace under
A lot of pressure
But there is no loss
In such a beautiful
Game

We give points for the same reason
The 5 o'clock Whistle
Blows

To count time

What a pleasure
To see Maroon
And Orange line
Up
To tippy the ball

Over to
An empty spot
On the floor
Go Hokies!!!

É graciosidade sob
Muita pressão
E não existe derrota
Nesse jogo
Tão lindo

Fazemos pontos pelo mesmo motivo
Que às 5h soa o
- Apito

Para contar o tempo

Que prazer
Ver o Grená
E a linha Laranja
Derrubar
A bola na área

Mais um
Um ponto
Na quadra
Vai, Hokies!!!

There Is a School

There is a school
There
Which goes to the
8th grade
Where my father teaches
Math

I go to meet him once
Down the Hill
On my blue bike

He later said: "I screamed
'Who is that kid coming
Down that hill? He'll be killed'"

I wasn't but halfway
Down

The bike turned and
The rest of the way
Rode me
Down I lost Blood, Skin and
Tissue

It was the last time
I went to greet my
Father

Tem uma escola

Tem uma escola
Ali
Que vai até o
9º ano
Onde meu pai ensina
Matemática

Fui encontrá-lo uma vez
Descendo a colina
Na minha bicicleta azul

Ele disse depois: "Eu gritei
'Quem é aquela criança descendo
A colina? Ela vai morrer'"

Eu não estava nem na metade da
Descida

A bicicleta virou e
Fui jogada
Pelo resto do caminho
Perdi Sangue, Pele e
Tecido

Foi a última vez
Que fui cumprimentar meu
Pai

There is a library
There
My books have gone
To Dillard
Where Marvalene Hughes
Is my friend

The donated Lincoln
Heights books are unsigned
Thirds
Marvalene has signed
Seconds

I keep signed First Editions
In case I need money
When I get
old

Tem uma biblioteca
Ali
Meus livros foram para
A Universidade Dillard
Onde Marvalene Hughes
É minha amiga

Os livros doados de Lincoln
Heights não são autografados
As terceiras edições
Marvalene autografou
As segundas

Guardo as primeiras edições autografadas
Caso precise de dinheiro
Quando ficar
velhinha

The Past... The Present... The Future

There is really nothing
We can do
About the Past
We cannot be unraped
We cannot or at least
Should not take back
Degrees because we no longer
Like the person

There can be no Justice
Only Revenge

We can't undo statues
Of Confederates who tried
To dissolve the United States
Because they didn't believe
All people are created equal

It came... after all... on a Midnight Clear
And we worship the Manger
Not the Cross
Though we should not fly
What the Losers fly... How
Dumb can we be

We cannot undo
The past

O passado... O presente... O futuro

Não há realmente nada
Que possamos fazer
Sobre o Passado
Não podemos ser desestupradas
Não podemos ou pelo menos
Não devemos retirar
Títulos porque não
Gostamos mais da pessoa

Não pode haver Justiça
Apenas Vingança

Não podemos desfazer estátuas
Dos Confederados que tentaram
Separar os Estados Unidos
Porque não acreditavam que
Todas as pessoas são criadas iguais

Aconteceu... afinal... numa Meia-noite Clara
E adoramos a Manjedoura
Não a Cruz
Embora não devêssemos voar
Como os perdedores voam... Que
Idiotas podemos ser

Não podemos desfazer
O passado

Not the people who kidnapped
Not the people who sold
Nor bought

Not the ships in which we languished
Nor the buses upon which we had to stand
While others took
Our seats until
One woman said No

We stand for the future
We embrace Peace
Not mongers for War

We cannot undo
The past we can build
The future

Where when we go
To Mars we send
A Black woman
Because she will make friends and sing a song
With them

When we go to Pluto
Which will be again
A planet
We send Black children
To learn to ski

Nem as pessoas que sequestraram
Nem as pessoas que venderam
Ou compraram

Nem os navios em que definhamos
Nem os ônibus onde tínhamos que ficar de pé
Enquanto outros tomavam
Nossos assentos até que
Uma mulher disse Não

Nós ficamos de pé pelo futuro
Nós abraçamos a Paz
Não os senhores da Guerra

Não podemos desfazer
O passado podemos construir
O futuro

É para onde vamos
Para Marte enviaremos
Uma mulher negra
Porque ela fará amizade e cantará uma canção
Com todos lá

Quando formos a Plutão
Que será novamente
Um planeta
Enviaremos crianças negras
Para aprender a esquiar

When we decide
It is time
To thank the Deity
For our food… our shelter… our health
We will all… no matter which
Ideology… wrap our arms
Around each other
And be glad we live… at this time
On
This Earth

Quando decidirmos
Agora é hora
De agradecer à Divindade
Por nossa comida... abrigo... saúde
Todos nós vamos... não importa qual
Ideologia... nos abraçar
Uns aos outros
E ficaremos felizes por viver... neste tempo
Aqui
Na Terra

Konko in the Rain
(*for and in debt to Kwame Alexander*)

    the ceremony would have been canceled
were we
    outside in The States
but we
    were in Ghana
unafraid
    of the rain because rain is
water
    and water took us
away
    and water has brought us
back
    so the water that embraces
us
    that cleanses
us
    that quenches our thirst
for knowledge
and love
    baptizes
us now
    under Blue-Gray clouds
as we
    ceremoniously welcome
    Queen Mother Juanita

Konko sob a chuva
(para e em dívida com Kwame Alexander)

    a cerimônia teria sido cancelada
se estivéssemos
    nos Estados Unidos
mas estávamos
    em Gana
sem medo
    da chuva porque chuva é
água
    e a água nos levou para
longe
    e a água nos trouxe de
volta
    logo a água que envolve-
-nos
    que limpa-
-nos
    que sacia nossa sede
de conhecimento
e amor
    batiza-
-nos agora
    sob nuvens Cinza-Azuladas
enquanto
    a louvamos
    Rainha Mãe Juanita

Toure's Feet

Toure's feet
Are beautiful
Perfect
He knows this
And shows them
Off in sandals

His mother I'm
Sure took him,
As did I my son,
For pedicures
Where he learned
To say "Thank you"

My friend has
Issues
She needs to keep
Her balance
Looks ahead
Not down
Balancing herself
Not seeing
The snail working
So hard to get to the other side

She steps on it

Os pés de Touré

Os pés de Touré
São lindos
Perfeitos
Ele sabe disso
E os exibe
Em sandálias

Sua mãe tenho
Certeza o levou,
Como eu ao meu filho,
À pedicure
Onde ele aprendeu
A dizer "Obrigado"

Minha amiga tem
Problemas
Ela precisa manter
O equilíbrio
Olhar para a frente
Não para baixo
Manter o equilíbrio
Sem enxergar
A lesma trabalhando
Duro para chegar ao outro lado

Ela pisa

Ending its short life

I do not call attention after all
It is only a very little snail
Walking through a wide
Sidewalk
To a very big garden

I am sad but
I looked down
Said a prayer
And walked on
My friend had no
Idea

What she had done
To the little snail
Arguably if she had
Seen it she would
Have loved

And we understand feet
Delight
And destroy
They take
And they carry away

Anguilla Jollification
What a joy

Encerrando sua curta existência

Eu não chamo atenção afinal
É só uma lesma muito pequenininha
Atravessando uma larga
Calçada
Para um jardim muito grande

Fico triste mas
Olhei para baixo
Fiz uma prece
E segui andando
Minha amiga nem se deu
Conta

Do que tinha feito
Para a pequena lesma
Sem dúvida se tivesse
Visto ela a teria
Amado

E entendemos pés
Prazer
E destruição
Eles pegam
E levam embora

Anguilla Folia
Que alegria

Thirst

At 2:30 or maybe 3:00 A.M. I have tossed
And turned all I can:
I'm thirsty

But if I get up
To drink I'll have to
Get up again
To go to the bathroom

Thirst wins

Stumbling into my house
Shoes
I go to the kitchen
To find the lemonade

My mother
Were she still here
Would complain:
You don't drink enough water
Adam's Ale is the best thing
But I don't like water
I, like most Americans,
Take my water
With sugar and fruit juices
Or any other disguise I can find

Sede

Às 2h30 ou talvez 3h da manhã me virei
E revirei sem parar:
Tenho sede

Mas se eu me levantar
Para beber água vou ter que
Me levantar de novo
Para ir ao banheiro

A sede vence

Tropeçando pela casa
Sapatos
Vou à cozinha
Procurar uma limonada

Minha mãe
Se ainda estivesse aqui
Se queixaria:
Você não bebe água o suficiente
Não tem nada melhor
Mas eu não gosto de água
Eu, como a maioria dos americanos,
Tomo minha água
Com açúcar e suco de fruta
Ou qualquer outro disfarce que encontrar

Leaning over the sink
With a bit of real lemonade dripping down
My chin
I feel the coolness
Float into my lungs
And that blessed relief
That says Thirst
Has been satisfied

Feeling myself once again in bloom
I smile
Return to bed
And await my next
adventure

Me inclino na pia
Com um pouco de limonada de verdade escorrendo
Pelo queixo
Sinto o frescor
Flutuar em meus pulmões
E aquele bendito alívio
Que diz Saciada
Está sua sede

Me sinto desabrochar de novo
Sorrio
Volto para a cama
E espero minha próxima
aventura

For Ruby Dee

I met Ruby and Ossie shortly after I published my first book in 1967. They were hosting a television show and requested the permission to use a poem of mine: "Nikki-Rosa." I was thrilled. My immediate answer was "Yes" and Ruby asked: "How much for the permission?" "Are you kidding?" I asked. "You mean I get paid to have Ossie and Ruby read a poem of mine on television?" And that was the beginning of a wonderful friendship. Ruby came to Virginia Tech about five years ago to celebrate The 100 Best African American Poems (*but I Cheated) *with us. She and I together read the poem for Rosa Parks. I asked her agent what the billing would be. She said Ms. Dee would "Destroy me if I charged you." I loved Ruby for a lot of reasons but mostly because she remembered who she loved and who loved her. She will not be forgotten. Her genius, her kindness, her forward looking, her desire to build a better future will always be with us. Art is the right tool to build a future... and Ruby Dee showed us the way.*

Para Ruby Dee

Conheci Ruby e Ossie pouco depois de publicar meu primeiro livro em 1967. Eles apresentavam um programa de televisão e pediram autorização para usar um poema meu: "Nikki-Rosa". Fiquei emocionada. Minha resposta imediata foi "Sim" e Ruby perguntou: "Quanto custa a autorização?". "Você está brincando?", perguntei. "Quer dizer que vou ser paga para que Ossie e Ruby leiam um poema meu na televisão?" E esse foi o início de uma amizade maravilhosa. Ruby veio à Virginia Tech uns cinco anos atrás para celebrar conosco o livro *The 100 Best African American Poems (*but I Cheated)* [Os 100 melhores poemas afro-americanos (mas eu trapaceei)]. Ela e eu lemos juntas o poema para Rosa Parks. Perguntei à sua agente quanto seria o pagamento. Ela respondeu que a sra. Dee iria "me matar se eu cobrasse de você". Eu amava Ruby por várias razões, mas principalmente porque ela se lembrava de quem amava e de quem a amava. Ela não será esquecida. Sua genialidade, sua bondade e seu desejo de construir um futuro melhor estarão sempre conosco. A arte é a ferramenta certa para construir o futuro... e Ruby Dee nos mostrou o caminho.

Fisk: The Class of 1964

    We came in the fall
On segregated buses and segregated trains
Very few on airplanes
Most by Mom and Dad
    To the historic campus
Of W. E. B. DuBois James Weldon Johnson John Hope
    Franklin

    Inspired by The Jubilee Singers
    Poeticized by Dr. Leslie M. Collins and the great
Robert Hayden
    Frenched into the legendary M. Jean Cottin
    And maybe even jazzed by novelist/librarian
Arna Bontemps's friend
    Langston Hughes

    We gathered
In the Chapel to pick officers and leaders
    We gathered
On the steps for the classic Class Photo
    We gathered
In the room for the photo of children of Fiskites

    And some of us were grandchildren
(J. B. Watson Class of 1905)
    We came
Despite what some Deans thought

Fisk: a turma de 1964

Viemos no outono
Em ônibus segregados e trens segregados
Pouquíssimos em aviões
A maioria com a mãe e o pai
  Para o campus histórico
De W. E. B. Du Bois James Weldon Johnson John Hope
  Franklin

  Inspirados pelo coro Jubilee Singers
  Versejados por dr. Leslie M. Collins e o grande
Robert Hayden
  Beijados pelo lendário M. Jean Cottin
  E talvez até motivados pela romancista/bibliotecária
Arna Bontemps, amiga de
  Langston Hughes

  Nos reunimos
Na capela para escolher dirigentes e líderes
  Nos reunimos
Nas escadarias para a clássica Fotografia de Turma
  Nos reunimos
Na sala para a fotografia dos filhos de Fiskianos

  E alguns de nós éramos netos
(J. B. Watson Turma de 1905)
  Viemos
Apesar do que pensavam alguns reitores

To Sit In To March To Protest
To change the world We were living in
To prove our mantle
To ourselves
If no one else

We were brave like Diane Nash and John Lewis
We were foolish like some others
We were challenging and challenged

We were Fisk

One hundred and two years after the beginning of
The Civil War

We were Early Entrants
We were walk-ons
We were transfers

We were faculty kids

We were Fisk

Our legacy was not just
The land that Fisk provided
For Meharry Medical College and Pearl High
Our legacy was not just
Jubilee Hall which was earned
By the leadership of Ella Sheppard and those eight
Brave men and women who followed her to London

Para Ficar Para Marchar Para Protestar
Para mudar o mundo onde Vivíamos
Para passar o bastão
Para nós mesmos
E ninguém mais

Fomos corajosos como Diane Nash e John Lewis
Fomos tolos como alguns outros
Estávamos desafiando e éramos desafiados

Éramos Fisk

Cento e dois anos após o início da
Guerra Civil

Éramos Calouros
Éramos figurantes
Éramos transferidos

Éramos jovens da faculdade

Éramos Fisk

Nosso legado não foi apenas
O terreno que Fisk forneceu
Para Meharry Medical College e Pearl High
Nosso legado não foi apenas
Jubilee Hall, que foi conquistado
Pela liderança de Ella Sheppard e aqueles oito
Bravos homens e mulheres que a seguiram até Londres

Our legacy is not only that the Queen asking
"Where do you come from?"
And hearing "Nashville, Ma'am" responded
"Why that must be a Musical City"

No.
Our legacy is that Fisk creatively conceived
Against the grain
Educating men and women
Together
In a classical education
We were not practical
We were not just job seekers
We stood for the ideal of excellence

We are Fisk

And we fulfill that legacy
by continuing to be
the Golden Sons and Daughters of the Future

Ever On The Altar

Nosso legado não está apenas na pergunta da Rainha
"De onde você vem?"
E à resposta "Nashville, senhora" reage
"Deve ser uma Cidade Musical"

Não.
Nosso legado é que a Fisk foi idealizada criativamente
Contra a corrente
Formando homens e mulheres
Juntos
Em uma educação clássica
Não éramos úteis
Não éramos apenas candidatos a emprego
Nós defendíamos o ideal de excelência

Nós somos Fisk

E cumprimos esse legado
continuando a ser
os Filhos e as Filhas de Ouro do Futuro

Sempre no Topo

Fathers
(for Jack)

Fathers are not supposed
To bury sons

It's not that the arms
Which used to hoist him
High
Can no longer lift

Nor that the laughter
Which he would emulate no longer
Comes

It's not even
That the tears
Bounce high cuddling
The Khaki cuffs

But rather that the heart
Which stops
And doesn't want to start
Again

Cramps the fingers
Which tousled his hair

And the eyes
Which reflected your pride
In him

Pais
(para Jack)

Os pais não deveriam
Enterrar seus filhos

Não é como se os braços
Acostumados a erguê-los
Para o alto
Não pudessem mais levantar

Nem que a risada
Que ele imitava já não soasse
Mais

Não é nem como
Se as lágrimas
Ricocheteassem afagos
Nas mangas cáqui

E sim o coração
Como se parasse
E não quisesse começar
De novo

Cãibra nos dedos
Que desgrenhavam seu cabelo

E os olhos
Que refletiam seu orgulho
Nele

The very idea of him
Not being there

Is not more than Fathers
Can bear

It's more
Than they want
To

A própria ideia de ele
Não estar lá

Não é mais do que os Pais
Podem suportar

É mais
Do que eles
Querem

Big Maybelle

The room was dark
Dank actually
It was... after all... Newport, KY
Preserver of sin and soul

My boyfriend whom my parents
Trusted though Nate
Did not deserve their trust
Was taking me to a nightclub

George Ratterman would be sheriff
One day
And close Covington and Newport
Down
And Cincinnati would suffer

Cincinnati had gotten the clean money

The Living Room... Mark Murphy... Les McCann
The mighty Amanda Ambrose fresh from Chicago

Newport had the blues

And gambling
Though your biggest gamble was probably
With your life

Big Maybelle

A sala estava escura
Úmida na verdade
Afinal... era... Newport, Kentucky
Protetora do pecado e da alma

Meu namorado em quem meus pais
Confiavam apesar de Nate
Não merecer a confiança
Ia me levar para uma boate

George Ratterman seria xerife
Um dia
E fecharia Covington e Newport
Completamente
E Cincinnati ia penar

Cincinnati tinha conseguido o dinheiro limpo

Na sala... Mark Murphy... Les McCann
A poderosa Amanda Ambrose recém-chegada de Chicago

Newport tinha o blues

E a jogatina
Ainda que sua maior aposta provavelmente
Fosse com a própria vida

*I wore high heels then
And dresses just a bit above
My knees*

*I drank gin fizzes
Because, let's admit it,
That's not a drink*

*Nate said I have a Treat
So Mommy let me go*

To a bar that was dark

Down dank steps

*Where I coolly walked in
With one of the gamblers
Who knew everybody*

*We could see through to the back before
The performers came to the mic
The stage jiggled and CANDY
Was belted out
I CALL MY SUGAH CANDY
And there she was
Two tons of incredible womanhood
Balanced on stiletto heels
Wrapped in a black silk dress
Talking 'bout her
CANDY*

Eu usava salto alto na época
E vestido um pouco acima
Dos joelhos

Bebi gim fizz
Porque, vamos combinar,
Isso nem é bebida

Nate disse Temos um acordo
Então mamãe me deixou ir

Para uma boate escura-escarlate

Úmida escada emborcada

Por onde calmamente desci
Com um dos jogadores
Que conhecia todo mundo

Podíamos ver os artistas lá atrás
Antes de pegarem o microfone
O palco balançou e tocaram
CANDY
I CALL MY SUGAH CANDY
E lá estava ela
Duas toneladas de mulherão incrível
Equilibrada em salto agulha
Envolta num vestido de seda preta
Falando dela
CANDY

And I who was born in Knoxville, Tennessee
Met one of Tennessee's greatest gifts to the world
The Girl from Chattanooga
Shake it, Baby
Shake it

This woman would never sell Girl Scout cookies
Or be seen collecting for Diabetes
She would never make calls for crippled children
    somewhere in Africa
Nor head up the Blood Drive
In her hometown... No...
She'd be leaning over the back fence
In a man's pair of house slippers
With a cigarette just sort of dangling
Between her lips laughing laughing laughing

Yes Ma'am

This was Big Maybelle

I stamped and clapped and shouted

Shake it, Sister Maybelle
Go on, Girl
Shake that thang

E eu que nasci em Knoxville, Tennessee
Conheci um dos maiores presentes do Tennessee para o
   mundo
A garota de Chattanooga
Quebra, querida
Quebra

Essa mulher nunca poderia vender biscoitos de escoteira
nem ser vista pedindo doações para diabetes
Ela nunca faria pedidos para crianças com necessidades
   em algum lugar da África
Nem dirigiria o Blood Drive
Em sua cidade natal... Não...
Ela estaria debruçada sobre a cerquinha dos fundos
Num par de chinelos masculinos
Com um cigarro meio que pendurado
Entre os lábios rindo rindo rindo

Sim Senhora

Esta era Big Maybelle

Eu contemplei e aplaudi e gritei

Quebra, Mana Maybelle
Quebra tudo, Garota
Sacode o esqueleto

The Tassel's Worth the Hassle: An Introduction

Sometimes people confuse school with education. School is a good idea. It gives us a sense of community—we meet and greet people—make friends—get work done on time. Education is the exciting trip—the roller coaster our mind takes to find the frightening exciting.

Maya Angelou once pointed out there is a difference between "fact" and "truth." She was not the first to do so but each generation needs a reminder: There is a difference between education and school.

We eat our vegetables, meat and drink, if we are fortunate enough to live in a good area, clean water and good milk. We can do fast food and we can do fake food which will satisfy our hunger, though only very briefly, but neither is nutritious. We will get fat, obese even, and cause many problems because we turn our noses up at spinach and brussels sprouts or a slice of beef, you know? One reason you see so many obese people is not too much food and not enough exercise but fake food and a real fear of going out of doors to walk, run, explore. So let's explore this:

What if we hired retired citizens to cook grits, oatmeal, Ralston's and other hot cereals in the morning for school

O capelo vale a pena: uma introdução

Às vezes, as pessoas confundem escola com educação. A escola é uma ótima ideia. Ela nos dá um senso de comunidade — encontramos e conhecemos pessoas — fazemos amigos — conseguimos trabalhar com prazos. A educação é uma viagem empolgante — a montanha-russa de que a nossa mente precisa para considerar o assombroso empolgante.

Maya Angelou uma vez apontou uma diferença entre "fato" e "verdade". Ela não foi a primeira a fazer isso, mas cada geração precisa de um lembrete: há uma diferença entre educação e escola.

Comemos nossos legumes, carnes e bebidas, se tivermos a sorte de viver numa região boa, tomamos água limpa e leite de boa qualidade. Podemos nos alimentar de fast-food e de fake-food para saciar nossa fome, mesmo que apenas por um tempo, mas nada disso é nutritivo. Vamos engordar, ficar obesos até, e ter muitos problemas por torcer o nariz para espinafre e couve-de-bruxelas ou um pedaço de carne, sabe? Uma das razões pelas quais vemos tantas pessoas obesas não é o excesso de comida nem a falta de exercícios, mas sim a fake food e o medo real de sair para andar, correr, explorar. Então, vamos explorar isso:

E se contratássemos cidadãos aposentados para cozinhar grãos, aveia, trigo e outros cereais no café da

breakfast? What if the men and women who would normally be at home alone feeling useless were picked up and brought to school? The retired and the youngsters could have breakfast together. We could scatter the oldsters around the breakfast room taking care of the nutritional and social needs of both.

Lunch would be the same thing only we would serve beans five days a week: with corn bread, rolls, white bread, biscuits, milk, and maybe on Friday, as a treat, lemonade.

After school we'd offer a sandwich, chips, and maybe a piece of pound cake.

The results would be better-fed youngsters and oldsters who would be better-behaved youngsters and healthier oldsters. Now we have a recipe for education that the school can provide.

Maybe we need to recognize high school needs to end at the tenth grade. Send the kids on to Community Service; let them go abroad; give them an experience of service. Let them start college understanding college is a six-, not four-, year experience. Why six? So that the science kids can take a drama class, a literature class while the lit kids can do Physics for Poets or something without fear of ruining their GPA. In other words:

manhã da escola? E se os homens e as mulheres que estariam em casa sozinhos, se sentindo inúteis, fossem trazidos para a escola? Os aposentados e os jovens poderiam tomar café juntos. Poderíamos espalhar os mais velhos pelo refeitório, prestando atenção às necessidades nutricionais e sociais de todos.

No almoço seria a mesma coisa só que serviríamos feijão cinco dias por semana: com pão de milho, pãezinhos, pão branco, biscoitos, leite, e talvez na sexta-feira, como um afago, limonada.

Depois da aula, ofereceríamos um sanduíche, batatinhas e talvez um pedaço de bolo.

Os resultados seriam jovens mais nutridos, idosos mais participativos e ambos mais saudáveis. É uma receita de educação que a escola pode oferecer.

Talvez precisemos reconhecer que o ensino médio deveria terminar no décimo ano. Enviar os jovens para o serviço comunitário; deixá-los ir para o exterior; dar-lhes uma experiência de trabalho. Deixe-os começar a faculdade entendendo que a faculdade é uma experiência de seis anos, e não de quatro. Por que seis? Para que os estudantes de ciências possam fazer aulas de teatro, de literatura, enquanto os estudantes da literatura possam fazer Física para Poetas ou algo assim, sem medo de notas baixas. Em outras palavras:

We need to change how we convey our dreams to the next generation. We need faith in them and we need to challenge them to have faith in themselves. Why not a class on the Constitution in the third grade? Why not a "Constitution Bee"? like a spelling bee that gives a prize like two weeks in Alaska? Why not a foreign language in the second grade that we follow through with until the second language is second nature. Practically everything we touch is Made in China—why not learn the language?

Timothy Wright Jr. offers us a wonderful view. The Tassel Is Worth the Hassle. *He, too, sees the necessity of school and education. He, too, has a passion for the future. Join the sketches and paint yourself into his world. Have fun. Push yourself. Tassels are always worth the Hassle.*

Precisamos mudar a forma como transmitimos nossos sonhos para a próxima geração. Precisamos ter fé neles e precisamos desafiá-los a ter fé em si mesmos. Por que não uma aula de Constituição no ensino fundamental? Por que não um concurso de estudos constitucionais "Constitution Bee", como o concurso de soletrar que dá um prêmio de duas semanas no Alasca? Por que não uma língua estrangeira ensinada no ensino fundamental até que a segunda língua se torne uma segunda natureza? Praticamente tudo em que tocamos é feito na China — por que não aprender o idioma?

Timothy Wright Jr. nos dá um exemplo maravilhoso. *O capelo vale a pena*. Ele também vê a importância da escola e da educação. Ele também tem paixão pelo futuro. Desenhe um mundo melhor e não deixe de se incluir nele. Divirta-se. Esforce-se. O capelo sempre vale a pena.

The Fly on the Wall

I want to be
The fly on the wall

About to fall
Down
In your arms

I want to be
The wonderful spider
Who sat down beside her
Little Miss Muffet that is

I want to be
The girl you dream of
When your dreams
Float you away

I want to be
The fly on the wall
About to fall
About to fall
Down
In your arms

A mosca na parede

Eu quero ser
A mosca na parede

Prestes a
Cair
Nos seus braços

Quero ser
A aranha maravilhosa
Que se sentou ao lado de
Little Miss Muffet e ali ficou

Quero ser
A garota com quem você sonha
Quando seus sonhos
Te levam bem longe

Quero ser
A mosca na parede
Prestes a
Prestes a
Cair
Nos seus braços

Epicure
(for Joe who cooks)

Communion and sex
Are about the only things
That don't go well
With garlic
Maybe Mother's milk
But isn't it best
To introduce this
When they're young

Did I mention
Butter
On Butter I have to exclude sex
Because nothing could be better
Except maybe a long
Bone-in Rib Eye
That has soaked
In good talk
Or Kosher salt
Before being put
On something
Hot
To be ultimately
cooled

Epicurista
(para Joe, que cozinha)

Hóstia e sexo
São as únicas coisas
Que não vão bem
Com alho
Se calhar leite materno também
Mas é melhor não
Entrar nisso
Quando são tão pequenos

Será que já falei
De manteiga?
Na manteiga terei que deixar o sexo de fora
Porque nada é mais gostoso
A não ser talvez um grande
Filé de costela
Encharcado
Num bom papo
Ou sal Kosher
Antes de ser salpicado
Em algo
Quente
Até ser enfim
arrefecido

On a Snowy Day
(for Morgan who braved the weather)

I like the snow
I'm a Tennessean by birth but mostly
A mountaineer... not from Memphis

I like the idea of something so light
It can gently fall on my tongue
Yet so dense that once fallen
Cannot easily be lifted

I am an old woman

So I enjoy watching the clouds open
And the beautiful snow fall down

I live in a place
Where sense finally came in
And schools and mail and stores
And all other things closed
Because it was going to snow

Winter Storm Warning

The signs all said
Though there were always a few people
Who didn't believe
And they went driving along

Num dia de neve
(para Morgan, que enfrentou bravamente o clima)

Gosto da neve
Sou uma tenessiana de nascimento mas sobretudo
Uma alpinista... não de Memphis

Gosto da ideia de algo tão leve
Caindo suave na minha língua
Mas tão denso que depois de cair
Não possa ser facilmente suspenso

Sou uma mulher velha

Gosto de ver as nuvens se abrirem
E a neve cair tão linda

Moro num lugar
Onde a sensatez enfim chegou
E escolas e correios e lojas
E todas as outras coisas fecham
Porque vai começar a nevar

Alerta de Tempestade de Inverno

Todas as placas dizem
Embora sempre houvesse pessoas
Que não acreditavam
E seguiam dirigindo

Until the trucks twisted into their cars
and forty or so vehicles on the turnpike were
busted into them
usually a few folk
were killed
some were injured
and the highway patrol said
if you want your car
please call

I stayed home

One student knew
I did Starbucks every day I could get out
She takes care of dogs and cats
And was needed

Morgan was one of the folk who
When they said Go Out Only If You Are Needed
Was needed
While out she stopped at Starbucks
To bring me a coffee

I didn't get her phone number
I don't e-mail
I have no way of saying Thank you
But more than Thank you
Thank you is when people do things
That could be done

Até os caminhões colidirem com seu carro
e cerca de quarenta veículos na estrada serem
arremessados contra eles
volta e meia algumas pessoas
eram mortas
algumas ficavam feridas
e a patrulha rodoviária dizia
se você quer seu carro
por favor ligue

Eu ficava em casa

Uma aluna sabia
Eu ia ao Starbucks sempre que podia sair
Ela cuidava de cães e gatos
E era necessária

Morgan era uma dessas pessoas que
Quando diziam Saia Apenas Se Você For Necessária
Era necessária
Durante sua saída ela parou no Starbucks
Para me trazer um café

Eu não tinha seu número de telefone
Não envio e-mails
Não tenho como dizer Obrigada
Mas mais do que Obrigada
Obrigada é quando as pessoas fazem coisas
Que poderiam ser feitas

The Coffee was way more than that
How do I embrace that caring
How do I return it
How lucky am I to have had
A student who cares

O Café era muito mais do que isso
Como posso acolher esse carinho
Como faço para retribuir
Que sorte tenho de ter tido
Uma aluna que se importa

Black Lives Matter
(Not a Hashtag)

*I'm not ashamed
of our history
because I know
there is more
to come*

*I'm not ashamed
of slavery
neither bought
nor sold
because I know
there is another
answer*

*I'm not ashamed
of dark or light
skin
straight or curly
or nappy—let's call it that—
hair*

*I'm not ashamed
of thick or thin
lips
nor that time
we waste singing*

Black Lives Matter
(não é uma hashtag)

Não tenho vergonha
de nossa história
porque sei
que há mais
por vir

Não tenho vergonha
da escravidão
nem comprada
nem vendida
porque sei
que há outra
resposta

Não tenho vergonha
da pele
escura ou clara
dos cabelos
lisos ou cacheados
ou — vamos chamar assim —
pixaim

Não tenho vergonha
dos lábios
grossos ou finos
nem daquele tempo
que passamos cantando

*and dancing
we taught the white
folks
to sing and dance
too*

*I'm proud of Simon
Of Cyrene
Nobody made him
help Jesus
He did his part*

*I'm proud of the woman
who moaned on the ship
at the 10th Day
for admitting if not defeat
then certainly change*

*I'm proud of the Rappers
who Rap
and most especially
I'm proud
that
Black Lives Matter*

We Do

*We honestly
Do*

e dançando
nós ensinamos às pessoas
brancas
a cantar e dançar
também

Tenho orgulho de Simão
de Cirene
Ninguém lhe pediu para
ajudar Jesus
Ele fez sua parte

Tenho orgulho da mulher
que soluçou no navio
no 10º dia
por admitir se não a derrota
certamente a mudança

Tenho orgulho dos rappers
que fazem rap
e mais ainda
tenho orgulho
que
Vidas Negras Importam

Nós Importamos

Nós realmente
Importamos

Step a Little Closer

There was a man, Denmark Vesey, who gathered some of the enslaved men and women around and planned a rebellion. The irony is, had he been white, he would now be the name of a mall or there would be a great big statue of him for the pigeons to roost upon... but he was not. So he was considered a threat, a terrorist, something to be removed from the community. Being, rightfully, I'm proud to say, afraid of the enslaved, the planters were not content to be rid of Vesey and his followers, they also wanted to be rid of the means and methods of rebellion. They outlawed the drum.

In Africa there is a talking drum, much like the Native American smoke signals or the prairie dogs' squeals or mothers stifling cries in the night for their sons in jail or their daughters in trouble. There is a sound to let the community know something different is coming.

The planters were content that they had successfully put the rebellion down and by outlawing the drum they thought there would be no more disturbance. But the people, the enslaved, those without voices would not be quiet. The people used their feet for circle dance; used their fingers to snap; flipped their jaws with their baby fingers to set the beat; used their thigh muscles to "hambone." Every rhythm carried

Chega mais

Havia um homem, Denmark Vesey, que juntou alguns homens e mulheres escravizados e planejou uma rebelião. A ironia é que, se ele fosse branco, agora seria o nome de um shopping ou haveria uma enorme estátua dele para os pombos pousarem... mas ele não era. Portanto, foi considerado uma ameaça, um terrorista, uma coisa a ser excluída da comunidade. Já que os fazendeiros têm medo, com razão, me orgulho de dizer, das pessoas escravizadas, eles não estavam contentes em se livrar de Vesey e seus seguidores, e queriam também se livrar dos anseios e dos métodos da rebelião. Por isso, baniram o tambor.

Na África existe um tambor falante cujo som é muito parecido com os sinais de fumaça dos nativos americanos ou os chiados dos roedores ou as mães abafando à noite o choro pelos filhos na prisão ou pelas filhas em apuros. Existe um som para avisar a comunidade que algo diferente está chegando.

Os fazendeiros ficaram satisfeitos por terem reprimido a rebelião e, ao banir o tambor, pensaram que não haveria mais perturbações. Mas o povo, as pessoas escravizadas, aqueles que não tinham voz não ficariam calados. As pessoas usaram os pés para as danças circulares; usaram os dedos para estalar; batiam os queixos com os dedos para definir o compasso; usaram os

a meaning. Not like a telegraph or SOS. but like a feeling. Dance was itself good since it released tension. It also became part of courtship much like a good-looking actor gets the pretty girl each time. Stepping comes out of the tradition of competition and communication. Being watched all the time the enslaved had to be careful of their movements but move they continued to do. Some things meant things and some things did not. Like the quilts which led to freedom and the other quilts which simply kept us warm. Much has been lost or forgotten. But we still Step. And though we don't "hambone" much anymore almost everybody snaps his and her fingers and with the rise of rap the jaw pop is back not to mention the rhythmic breathing.

Cultures and cultural artifacts rise and fall as a people need to express themselves. This is good. "Hambone, Hambone where you been? 'Round the world and back again."

músculos da coxa para tocar e dançar *hambone*. Cada ritmo carregava um significado. Não como um telégrafo ou sos, mas como um sentimento. A dança era boa por si só, porque liberava a tensão. Também se tornou parte do galanteio, assim como um ator bonito fica com a garota bonita todas as vezes. O *stepping*, dança percussiva corporal negra, surge da tradição das batalhas, como a pergunta e resposta. Por serem vigiadas o tempo todo, as pessoas escravizadas tinham que tomar cuidado com cada movimento, mas não deixavam de se mexer. Algumas coisas tinham significado e outras não. Como as colchas: algumas conduziam à liberdade e outras simplesmente nos mantinham aquecidos. Muito daquilo foi perdido ou esquecido. Mas continuamos a batucar. E embora a gente não "hamboneie" muito mais, quase todo mundo estala os dedos e com a ascensão do rap resgatamos o ritmo a partir da respiração, a batida e o compasso com estalos dos dedos (e da língua).

Culturas e artefatos culturais surgem e desaparecem conforme as pessoas precisam se expressar. Isso é bom. "Hambone, hambone, anda e canta, gira o mundo, roda o mundo e volta para nós."

A Poem
(for Ethel Morgan Smith and Lucy)

sometimes the easiest thing to do
is forget to tell
those folks who mean the most
to you
that they do

I am guilty

I call when I need lifting
I call when I need advice
I call when I need to understand something

then I forget to say
thank you

chocolate isn't enough
and I wouldn't dream of jewelry

but a thank you
might at least show
my mother reared
a decent child

so this isn't even a good poem
but it is a friend trying to say
I want
to be a good

Um poema
(para Ethel Morgan Smith e Lucy)

às vezes a coisa mais fácil a fazer
é esquecer de contar
às pessoas muito importantes
para você
que elas são muito importantes

eu sou culpada

ligo quando preciso de amparo
ligo quando preciso de conselho
ligo quando preciso entender alguma coisa

aí esqueço de dizer
muito obrigada

chocolate não é o bastante
e eu nem sonharia com joias

mas um agradecimento
pode pelo menos mostrar
que minha mãe criou
uma filha decente

este nem é um bom poema
mas é uma amiga tentando dizer
eu quero
ser uma boa

friend
since we are in
these mountains alone
writing what we can

and wishing each other
the very best

amiga
já que estamos
nessas montanhas sozinhas
escrevendo o que podemos

e desejando umas às outras
sempre o melhor

I Married My Mother

I know crying
Is a skill
I automatically wipe
My eyes even though I know
Crying
Is a skill

Maybe I will learn
My mother did
When she thought
I was asleep
I think my sister did
Sleep
But sleep is as difficult
To me as crying
I laugh easily
And I smile
And withhold any true
Feelings
Except once I fell in love
With my eighth grade teacher
And spent most of my life trying
To feel safe
Again
Though maybe I'm safe
Now
After almost thirty years

Eu casei com minha mãe

Sei que chorar
Requer manha
Enxugo automaticamente
Meus olhos mesmo sabendo que
Chorar
Requer manha

Talvez eu aprenda
Minha mãe aprendeu
Quando pensava
Que eu estava dormindo
Acho que minha irmã
Dormia
Mas dormir é tão difícil
Para mim quanto chorar
Eu rio com facilidade
E sorrio
E disfarço todos os sentimentos
Verdadeiros
Menos uma vez que me apaixonei
Pelo professor do oitavo ano
E passei grande parte da vida tentando
Me sentir segura
De novo
Apesar de talvez estar segura
Agora
Depois de quase trinta anos

Which is as long
As I lived with my mother

Maybe that's not a poem
Maybe that's something else
Maybe I just wanted to show my father
That he needn't be
Cruel
Maybe I just enjoyed buying
The house he had to live in
Showing her she should have married
Me instead of him
Or maybe since we will all soon
Be gone
I should be happy I found
My mother in someone
Else who loves me

What else
Really matters

Que é o tempo
Que vivi com minha mãe

Talvez isso não seja um poema
Talvez seja outra coisa
Talvez eu só quisesse mostrar ao meu pai
Que ele não precisava ser
Cruel
Talvez eu só tivesse gostado de comprar
A casa onde ele morava
Para mostrar a ela que deveria ter se casado
Comigo em vez de com ele
Ou talvez já que em breve todos nós
Vamos partir
Eu devesse estar feliz por ter encontrado
Minha mãe em outra
Pessoa que me ama

O que mais
Importa

We, Too

*I was home
In Lincoln Heights
Named for Abraham
As many other small black
Communities are*

*Only 20 years old
Not cowardly
I had picketed Rich's
Department Store in Knoxville
I sat in with Fisk University
In Nashville*

But not all that Brave

*Mommy didn't want
Me to go
Neither did my father and I wondered
Would it matter*

*50 years later I know
It did
We watched
We prayed
We, too, were
inspired*

Nós, também

Estava em casa
Em Lincoln Heights
Homenagem a Abraham
Como muitas outras pequenas
Comunidades negras

Com apenas 20 anos
Nem um pouco covarde
Fiz piquete na Rich's
Loja de departamentos em Knoxville
Estive na Universidade Fisk
Em Nashville

Mas nada Valente

Mamãe não queria
Que eu fosse pra lá
Nem meu pai e me perguntei
Se faria diferença

50 anos depois sei
Que sim
Nós assistimos
Nós oramos
Nós, também, fomos
inspirados

I didn't go
too
I stayed home
And reminded myself:
We also serve
Who sit
And Wait

Eu não fui
junto
Fiquei em casa
E me lembrei:
Nós também fomos úteis
Aqueles que ficaram
E Esperaram

We Marched
(Celebrating the 100th Anniversary of the Founding of the Sisterhood of Delta Sigma Theta Sorority)

    We Marched
one hundred years ago into a sisterhood
    We came together
in love and patience already called to assembly
by our mother sorority
    We needed to… had to… must… break
Out
    The Suffragettes did not want us
Offering only the back of the March
Our other did not understand us so we went
Our separate ways
    But The Time Had Come
Black women would no longer Wait

    We Marched

    We Marched for the Vote
    We Marched against lynching
    We Marched about bombings and burnings
    We Marched for Dimes
which the country took over
without giving us credit for the idea
    We Marched for better housing
for the Pig Project in Mississippi
    We founded the first Family Planning project in
    Baton Rouge
Which was burned down
By bigots

Nós Marchamos
(Comemorando o 100º aniversário da fundação da Irmandade da Sororidade Delta Sigma Theta)

Nós Marchamos
cem anos atrás rumo a uma irmandade
Nós nos unimos
com amor e paciência na assembleia
por nossa mãe sororidade
Nós precisamos... tivemos que... devemos... abrir
Caminhos
As Sufragistas nos renegavam
Ofereciam apenas a retaguarda da Marcha
Éramos as outras incompreendidas, então seguimos
Nossos caminhos separadas
Mas A Hora Havia Chegado
Mulheres Negras não iam mais Esperar

Nós Marchamos

Marchamos pelo Voto
Marchamos contra o linchamento
Marchamos por causa de bombardeios e queimadas
Marchamos para combater a pólio
na Marcha por Dimes que o país assumiu
sem nos dar o crédito pela ideia
Marchamos por melhores alojamentos
para o Projeto Pig no Mississippi
Fundamos o primeiro projeto de Planejamento Familiar em
Baton Rouge
Que foi incendiado
Por fanáticos

    We recognized you cannot be antiabortion while
        supporting Capital Punishment
    By What Right Must I Birth Him That You Put Him in
        The Electric Chair
    Or in Prison for Life for a Crime He did not commit

    We Sisters of Delta Sigma Theta stood
in the Past
Dorothy Height was mentored by our Great Soror
    Mary McLeod Bethune
    Every President from FDR to LBJ had a Delta in his
    "Kitchen Cabinet"
Jeanne Noble famously boarded a New York train to put the
    Power of DST with Daisy Bates and the Little Rock
    Nine
    We stood for the Future
With Lillian Benbow to own our Satellite in the sky... to be
    the first Black Greek Organization to make a film with
    dignified images of us on-screen
    When there was a need for a Voice
Our Beloved Soror Barbara Jordan led the Defense
Of the United States Constitution and therefore the
Impeachment
Of a President

    We are great

    Our Sisterhood remains Strong and Committed

    We grow stronger on the love we share

    Reconhecemos que não se pode ser antiaborto apoiando
      a Pena Capital
    Com que Direito Devo Parir Um Filho Para que Você
      O Coloque Na Cadeira Elétrica
    Ou na Prisão Perpétua por um Crime que Ele não cometeu

    Nós Irmãs da Delta Sigma Theta nos levantamos
no Passado
Dorothy Height foi instruída por nossa Grande Irmã
    Mary McLeod Bethune
    Cada Presidente de Roosevelt a Lyndon Johnson teve
    uma Delta em sua "Panelinha Preta"
Jeanne Noble embarcou num trem em Nova York para
                                    [transmitir o
    Poder da Sororidade com Daisy Bates e os Nove
                                  [estudantes de
    Little Rock
    Defendemos o futuro
Com Lillian Benbow para levar nosso Satélite ao céu... ser
    a primeira Fraternidade Negra a fazer um filme com
    imagens dignas de nós na tela
    Quando havia necessidade de uma Voz
Nossa Amada Irmã Barbara Jordan liderou a Defesa
Da Constituição dos Estados Unidos e portanto do
Impeachment
De um Presidente

    Nós somos grandiosas

    Nossa irmandade permanece Forte e Comprometida

    Nos fortalecemos com o amor que compartilhamos

We Marched 100 years ago and
We will March 100 years from now because
We are Delta Sigma Theta
We stand for the Good and the Right

Marchamos há 100 anos e
Marcharemos por mais 100 porque
Somos Delta Sigma Theta
E lutamos pela Justiça e por Direitos

The Diamond Anniversary

When we think
of American freedom we recall
the bang of trumpets to alert
"the British are Coming" and we recall
the colonial newspapers giving truth
to the populace that we must struggle
to be free as we move
two hundred years down
that lane we find African-American newspapers taking
on the same cry

those brave men
who rode the rails
the Pullman Porters carrying
The Pittsburgh Courier
The Amsterdam News
The Chicago Defender *and our own*
Roanoke Tribune
told the people of a better life
in the North
carried the atrocities of the South
to urge us on to fight
and sang a Praise Song
for our graduates and businessmen
our singers and musicians
our artists and dreamers
without the strength of our newspapers

O Jubileu de Diamante

Quando pensamos
na liberdade americana lembramos
o estrondo de trombetas para alertar
"os Britânicos estão Chegando" e lembramos
os jornais coloniais mandando a real
para a população de que devíamos lutar
para ser livres enquanto avançássemos
duzentos anos atrás
naquela estrada onde há jornais negros com
o mesmo clamor

aqueles homens valentes
que correram sobre trilhos
os assistentes de vagões carregando
O *Pittsburgh Courier*
O *Amsterdam News*
O *Chicago Defender* e nosso próprio
Roanoke Tribune
falaram ao povo de uma vida melhor
no Norte
das atrocidades cometidas no Sul
para nos encorajar a lutar
e cantaram uma Canção de Louvor
para nossos formandos e empresários
nossos cantores e músicos
nossos artistas e sonhadores
sem a força de nossos jornais

we would not have known
the possibilities

Claudia Whitworth
is as much a hero as any
soldier on the line
as any front rider
on the bus
as any marcher in all the marches
for Freedom

it is with great pleasure
and much pride
that we congratulate her
on this Diamond Anniversary

não teríamos conhecido
as possibilidades

Claudia Whitworth
é uma heroína tão importante quanto qualquer
soldado nas fileiras
quanto qualquer pessoa na frente
dos ônibus
e qualquer manifestante em todas as marchas
pela Liberdade

é com grande satisfação
e muito orgulho
que a felicitamos
neste Jubileu de Diamante

Rita Dove
(*at Furious Flower 2014*)

A raindrop
A snowflake
A little bit of sun

A smile
A tear
A lover's laughter

Some ancestor from
So far away
Whose dogged strength
Alone

Made the journey
Into freedom
On the strength
Of a song

What really is a poem:
Buttered Corn bread
A Pork chop browning
A Quilt being pieced
A Grandmother's tears

Or maybe
A desire
For a new world

Rita Dove
(no Furious Flower Poetry Center, 2014)

Um pingo de chuva
Um floco de neve
Um pouquinho de sol

Um sorriso
Uma lágrima
A gargalhada de um amor

Algum ancestral de
Tão longe
Cuja força obstinada
Sozinha

Fez a jornada
Para a liberdade
Com a força
De uma canção

O que de fato é um poema:
Pão de Milho com manteiga
Uma costeleta de Porco dourando
Uma Colcha feita com retalhos
As lágrimas de uma Avó

Ou talvez
Um desejo
De um novo mundo

And a Granddaughter to
… in the words of my Grandmother…
"Show Them"

Shall we call her Rita
And let's add an Eagle
No. a Dove
Both beauty and Ice

Shall we ask her to sing
Yes—Sing a Poem
For all of us

E uma Neta para
... nas palavras de minha Avó...
"Mostrar a Eles"

Vamos chamar de Rita
E vamos acrescentar uma Águia
Não; uma Pomba
A beleza e o Gelo

Vamos pedir a ela que cante
Sim — Cante um Poema
Para todos nós

The Old Man of the Mountain
(for Charles Steger)

In Autumn there is no question
Why they are called "The Smokies"
Clouds trickle away from the trees
As if the birds in awakening
Fluffed their beds

Or maybe the Old Man of the Mountain
After a good breakfast
Of grits and bacon and fresh-laid hen eggs
Lit his pipe

Some went scrambling along the floor:
The baby skunks, the mice, the squirrels, the little fawns
And even the fish
Start their day:
While possums and the others go off to sleep

I wish I were a Possum
But I have classes to teach

In Autumn the leaves fall
And turn
And ultimately trees will be bare
Awaiting the snows of winter

It's all so beautiful
And quiet

O velho homem da montanha
(para Charles Steger)

No outono não há dúvida
De por que são chamados de "The Smokies"
Nuvens resvalam para longe das árvores
Como se os pássaros acordando
Afofassem suas camas

Ou talvez o Velho Homem da Montanha
Depois de um bom café da manhã
Com aveia e bacon e ovos frescos de galinha caipira
Tenha acendido seu cachimbo

Uns foram se arrastando pelo chão:
Os filhotes de gambás, os ratos, os esquilos, os cervinhos
E até os peixes
Começam seu dia:
Enquanto gambás e outros vão dormir

Gostaria de ser uma Gambá
Mas tenho que dar aulas

No outono as folhas caem
E rodopiam
E finalmente as árvores ficarão nuas
Esperando a neve do inverno

É tudo tão lindo
E tranquilo

And we are a part of it
Because someone had vision

To see we must take
Care of ourselves
By our service
To others

Ut Prosim more
Gently defined
is:
That I may enhance your life
And so

We try

E nós fazemos parte disso
Porque alguém se deu conta

De que nós devemos
Cuidar de nós mesmos
Estar à disposição
Dos outros

Ut Prosim mais
Gentilmente definido
é:
Que eu possa melhorar sua vida
E assim

Nós tentamos

Morning Breakfast Routines

I'm afraid I cheat
at breakfast
and midnight snack

I always
keep salmon caviar
in the fridge
for morning
or night eggs

morning
eggs I sort of sauté
sunny-side up
in goat butter
and a side of grits
slices of whatever left
over meat is there
midnight with lightly
scrambled eggs
sometimes
if I have bread I will
lightly fry it
to have something with
which to sop

the only major difference
to me for breakfast

Rotinas para o café da manhã

tenho receio de trapacear
no café da manhã
e no lanche da noite

sempre
tenho caviar de salmão
na geladeira
para os ovos da
manhã ou noite

de manhã
ovos meio que fritos
gema para cima
na manteiga de leite de cabra
e um tanto de aveia
fatias do que tiver sobrado
da carne do dia anterior
meia-noite com ovos
mexidos macios
às vezes
se tiver pão vou
fritar um pouquinho
para ter algo para
aproveitar o molho no prato

a única grande diferença
para mim entre café da manhã

and midnight snack
is champagne
or red wine red of course
at midnight
to color
my dreams

e lanche da noite
é o champanhe
ou o vinho tinto é lógico
à meia-noite
para colorir
meus sonhos

Poseidon Hears His Baby Boy Crying

It hurts, Daddy
That man who came
To play with me
He hurt

I didn't mean
For the men to go
They were fun
They crawled around
The sheep
And I found them
And laughed and laughed
But they broke
And they cried

I wanted to hold
Them
To see what they tasted
Like
Remember the Ginger
Bread men
Remember the Chocolate
Men
Why did the White
Men
Break

Poseidon ouve seu filho chorar

Tá doendo, papai
Aquele homem que veio
Pra brincar comigo
Ele machucou

Eu não quis dizer
Pros homens irem embora
Eles eram legais
E rodeavam as ovelhas
Ali pertinho
E eu achei eles
E gargalhamos e gargalhamos
Mas aí machucaram
E aí choraram

Eu queria segurar
Eles
Pra ver que gosto que
Tinham
Lembra dos homens de
Biscoito de Gengibre
Lembra dos homens de
Chocolate natalinos
Por que os homens
Brancos
Quebraram

Then No-Man got mad
And hurt me
I can't see
Daddy
My head hurts a lot
Why did No-Man take
My eye
I only wanted to play
With him
Is he broken
Too

I'm sorry, Daddy
I'm sorry I can't
See
Make him give it back
Daddy
Make him give it back

Aí o Não Homem ficou bravo
E me machucou
Não consigo enxergar
Papai
Minha cabeça tá doendo muito
Por que o Não Homem arrancou
Meu olho
Eu só queria brincar
Com ele
Ele tá machucado
Também

Me desculpa, papai
Desculpa que não consigo
Enxergar
Faz ele me devolver
Papai
Faz ele me devolver

NYC (Then & Now)

    I remember a book store
Used to be here
    Walking down Fifth Avenue
In my bell-bottoms and Earth Shoes
    Smoking a cigarette
Because I didn't know the dangers
Of lung cancer nor the pleasures
Of wine
    There was a book store on this
Corner
    And that corner
And the in-between places
    I could explore
Life was difficult
    For a black girl
With no money
    Who only had a dream
Of talent measured by truth
    But passing those book stores
With a confident smoke
    There was the possibility
That's all
    The possibility

NYC (Antes e Agora)

    Eu lembro de uma livraria
Que ficava por aqui
    Descendo pela Quinta Avenida
Em minhas calças boca de sino e sandálias retrô
    Fumando um cigarro
Porque não conhecia os perigos
Do câncer de pulmão nem os prazeres
Do vinho
    Havia uma livraria nesta
Esquina
    E naquela esquina
E os lugares de passagem
    Que eu podia explorar
A vida era difícil
    Para uma garota negra
Sem dinheiro
    Que só tinha um sonho
De talento medido pela verdade
    Mas passando por aquelas livrarias
Com uma fumaça confiante
    Havia a possibilidade
Isso é tudo
    A possibilidade

Surveillance

Who was there... who looked
Where was the camera
That Saturday night my father
Hit my mother so hard
She literally flew
Across the living room
And fell against the windowpane

Like a rag doll

Or a windup toy
That a child is tired of playing with

My sister has gone out
As she has friends... I suppose... and places
To Go

I watched
I watched over Mommy
I hear her say to him
Please don't hit me
But he does

She says to me
What goes on
In our house
Stays
In our house

Vigilância

Quem estava lá... quem olhou
De onde a câmera estava
Naquela noite de sábado meu pai
Bateu na minha mãe com tanta força
Ela literalmente voou
Para o outro lado da sala
E caiu contra a vidraça

Como uma boneca de pano

Ou um brinquedo de corda
Que uma criança cansou de brincar

Minha irmã tinha saído
Já que tinha amigas... imagino... e lugares
Para Ir

Eu fiquei olhando
Vigiando a mamãe
Ouço ela dizer
Por favor não me bate
Mas ele bate

Ela me diz
O que acontece
Na nossa casa
Fica
Na nossa casa

I am a camera
I am the silent film

It was recorded because
I surveilled

I hid out
In my bedroom
With a flashlight ring
That let me read

Until it was time

Who saw what I heard
Who knows how to make sense of it

And we want to save the world?

What about my mother

I am a witness

I don't need an overseas enemy

I have a father...
And the band played on...

Sou uma câmera
Sou o filme mudo

Está gravado porque
Eu vigiava

Me escondi
No meu quarto
Com um anel-lanterna
Que me permitia ler

Até chegar a hora

Quem viu o que eu ouvi
Quem sabe como superar isso tudo

E ainda queremos salvar o mundo?

Quanto à minha mãe

Eu sou testemunha

Não preciso de inimigo forasteiro

Eu tenho um pai...
E a banda continuou tocando...

Autumn Soup
(for President Timothy Sands)

1st you peel and quarter
a yellow onion (I know some folk like white
but I'm a country girl)

I like a whole garlic bulb
What's the difference between
2 or 3 little cloves and the whole
thing? Taste

These have to simmer

My father was a hunter
So we had squirrel deer
and possum
No—my father had friends who
Hunted
My father just talked so
They left him at camp
When they went out to capture
The protein

I am actually a better
Fisherman than Gus, my father,
Because I cast my line with
A smile and the fish are
Seduced

Sopa de outono
(para o presidente da Virginia Tech, Timothy Sands)

1º descasque e divida em quatro
uma cebola amarela (conheço pessoas que preferem branca
mas sou uma garota do campo)

Quero uma cabeça inteira de alho
Qual a diferença entre
2 ou 3 pequenos dentes e a coisa
toda? Experimente

Deixe em fogo baixo

Meu pai era um caçador
Então tínhamos esquilos cervos
e gambás
Não — meu pai tinha amigos que
Caçavam
Meu pai só falava da boca pra fora
Eles o deixavam no acampamento
Quando saíam para capturar
A proteína

Na verdade sou melhor
Pescadora do que Gus, meu pai,
Porque lanço minha linha com
Um sorriso e os peixes são
Seduzidos

I prefer the red potatoes
The little ones
Though others like the white
And I throw in one sweet
Potato to add to flavor

Since we're not
Hunters I brown
The beef (with the bone
On)
Then peel and cut celery
Carrots turnips 1 small
Rutabaga

Now into the pot
And here is my secret:

Pumpkin Beer

It's Fall and Pumpkin Beer
Is available

Let it simmer
Until the Sands of Time
Go through
Or
If we were making
A President instead
Of an autumn soup
We engage
The Times of Sands

Either way—We're lucky

Prefiro as batatas vermelhas
As pequeninas
Mas há quem goste das brancas
E jogo uma batata
Doce para dar sabor

Já que não somos
Caçadores grelho
A carne (com o
Osso)
Depois descasco e corto aipo
Cenouras nabos 1 pequena
Couve-nabo

Agora na panela
E aqui está o meu segredo:

Cerveja de Abóbora

É outono e Cerveja de Abóbora
Está à venda

Deixar ferver
Até que atravessem
As Areias do Tempo
Ou
Se estivéssemos fazendo
Um Presidente em vez
De uma sopa de outono
Nós cobriríamos
As Areias do Tempo

Seja como for — Temos sorte

Hokie Stone
(for Tom Tillar)

Some folk think
Hokie Stones are those things
Upon which our campus
Is built

I have been rocked as
The entire Shanks quad has
Watching Cadet bedrooms
Go up Though
We were rewarded
with
William "Add" Caldwell
Standing firm
Reminding us of our beginnings

Some folk probably believe
Hokie Stones curve around Burruss
Embracing the sadness
We have overcome while yet
We remember our fallen
Colleagues

Some folk maybe even understand
Hokie Stones are carried
From the ground and cemented
By workmen who risk
Their lives going up up up
To top our buildings off

Pedra Hokie
(para Tom Tillar)

Algumas pessoas pensam
Pedras Hokie são aquelas coisas
Sobre as quais nosso campus
Foi construído

Fiquei dura como pedra,
Como toda a ala Shanks
Ao ver os dormitórios
Do corpo de Cadetes aumentando
Mas fomos recompensados
com
William "Add" Caldwell
Permanecendo firme
Lembrando-nos de nossos primórdios

Algumas pessoas provavelmente acreditam
Que as Pedras Hokie que envolvem o prédio Burruss
Abraçam a tristeza
Que superamos enquanto ainda
Lembramos nossos colegas
Caídos

Algumas pessoas talvez até entendam
Pedras Hokie são carregadas
Do chão e cimentadas
Por trabalhadores que arriscam
A vida subindo mais mais mais
Para cobrir o telhado dos nossos prédios

But some of us know
And feel
That the true
Hokie Stones
Are the folk
such as
Tom Tillar
Charles Steger
Larry Hincker
And our beloved Frank Beamer
Who with their loyalty and vision
solidified us

Those with us Retired
Those with us in Spirit
And those in Hokie Heaven waiting
For new Stones
to be
yet
Quarried

Mas alguns de nós sabemos
E sentimos
Que as verdadeiras
Pedras Hokie
São as pessoas
como
Tom Tillar
Charles Steger
Larry Hincker
E nosso amado Frank Beamer
Que com sua lealdade e visão
nos solidificaram

Aqueles conosco que estão Aposentados
Aqueles conosco que estão em Espírito
E aqueles no Paraíso Hokie que esperam
Por novas Pedras
a
serem
Extraídas

Introduction for Tim O'Brien

Sometimes you see or hear something
That intrigues or disturbs you
And you go talk to that person
To see if you can help

Sometimes you are made aware of something
That you know you alone cannot change
So you contact your congressman write a letter to the
    Editor
Or maybe just get a stiff drink
And try to forget

Sometimes though you understand
You cannot make the tragedy go whole
You cannot make the hurt heal
You can do nothing but embrace
The best within yourself

And you

Write a novel a song a play a poem a short story

You can do no more than witness The Things They
    Carried
Your heart applauds Going After Cacciato
You remind yourself and others

Introdução para Tim O'Brien

Às vezes você vê ou ouve algo
Que te intriga ou perturba
E vai falar com aquela pessoa
Para ver se você pode ajudar

Às vezes você fica sabendo de algo
Que sabe que não pode mudar por conta própria
Então entra em contato com seu parlamentar e escreve
    uma carta ao Editor
Ou talvez apenas toma uma bebida forte
E tenta esquecer

Às vezes mesmo que entenda
Você não pode fazer a tragédia desaparecer
Você não pode fazer a ferida curar
Você não pode fazer nada a não ser abraçar
O melhor dentro de si

E você

Escreve um romance uma música uma peça um poema
    um conto

Você não pode fazer mais do que testemunhar *As coisas*
    que eles carregaram
Seu coração aplaude *Perseguindo Cacciato*
Você lembra a si e aos outros

If I Die in a Combat Zone *these things*
Are relevant
To you

You write because it is the honorable thing to do
You write because you seek the words to help all of us understand
You write
Because you are Tim O'Brien
And that is what you are supposed to do

Ladies and Gentlemen… it is my pleasure to present the incredible Tim O'Brien

Se Eu morrer na zona de combate essas coisas
São relevantes
Para você

Você escreve porque é a coisa mais digna a fazer
Você escreve porque busca palavras para ajudar todos
    nós a entender
Você escreve
Porque você é Tim O'Brien
E isso é o que você deve fazer

Senhoras e Senhores... é um grande prazer apresentar o
    incrível Tim O'Brien

Let's Call It Love

If you cooked me
I would be a medium
Well steak streaked
with fat but not
Kobe

I would have been a contented
Cow
Obviously slaughtered
Before my time

When I was grazing
In the fields and country
Side I had made friends
With the prairie dogs the rabbits
The coyotes and wolves
Every now and then a hungry wolf
Might approach
Me but hungry wolves Approach
Everyone

One day I would be
Rounded up
And sent to my destiny
A plate on a flowery tablecloth
Flanked by a lovely glass of wine
And you

Vamos chamar de amor

Se você me cozinhasse
Eu seria um contra
filé ao ponto
marmorizado mas não
Kobe

Eu poderia ter sido uma vaca
Satisfeita
Obviamente abatida
Antes da minha hora

Quando eu pastorava
Nos campos e no meio
Rural fiz amizade
Com os roedores os coelhos
Os coiotes e lobos
De vez em quando um lobo faminto
Podia se aproximar
De mim mas os lobos famintos se Aproximam
De todo mundo

Um dia eu seria apanhada
E enviada ao meu destino
Um prato numa toalha de mesa florida
Ao lado de um lindo copo de vinho
E você

Smiling at me
With love
And pride

Sorrindo para mim
Com amor
E orgulho

L.E.A.P. for Bridges
(for Donna Maria Smith)

    Bridges over
    Roads allow
    Goats and baby
chickens
    To cross without
    Fear of being
run over

    The steps to get
    Up to the bridge
    Are there for the old
    Ladies with canes
    In their right hands
    And tomatoes in baskets
    On their heads

    Scarlett O'Hara holds
    Up carrots protesting "Never Again" will I be
    Hungry

    But it was the Yams
    Of the enslaved that saved
    The enslavers
    And those bridges
    Will let us Cross Over
    And the Yams will be pounded
    And our spirits will be

SALTO para pontes
(para Donna Maria Smith)

Pontes sobre
Estradas permitem
Que cabras e
pintinhos
Atravessem sem
Medo de serem
atropelados

Os degraus para
Chegar à ponte
Estão lá para as
Senhorinhas com bengalas
Na mão direita
E tomates nas cestas
Sobre a cabeça

Scarlett O'Hara segura
Cenouras protestando "Nunca Mais" vou sentir
Fome

Mas foi o Inhame
Dos escravizados que salvou
Os escravizadores
E essas pontes
Vão nos permitir Atravessar
E o Inhame será socado
E nossos espíritos serão

Fed
And Peace will come
In the Morning

Alimentados
E a Paz virá
Pela Manhã

Afeni
(b. 22 January 1947–d. 2 May 2016)

When my lover leaves
our bed… it is colder
sometimes I turn
the blanket on and sometimes
I just get
up

I used to wait
until our dog jumped
up to sit at my feet
which gave me some
thing to cuddle with
but as the dog got older
and couldn't jump
I picked her up
though ultimately she decided to ascend
to Heaven to visit
with some of the other folk she loved

when the sun tucks in
the air is cooler
though it is only right
that night brings
the soothing warmth
that puts us to sleep
the same could be said
of Winter pushing
Autumn into Summer's embrace

Afeni
(22 de janeiro de 1947–2 de maio de 2016)

Quando meu amor deixa
nossa cama... fica frio
às vezes puxo
o cobertor e outras vezes
só me
levanto

Eu esperava
até nossa cachorra pular
para sentar aos meus pés
o que me dava alguma
coisa para acariciar
mas conforme a cachorra foi envelhecendo
e não podia pular
eu a pegava
embora no fim das contas ela tenha decidido subir
ao Céu para visitar
uma galera que ela amava

quando o sol se debruça
o ar fica mais fresco
embora seja certo
que a noite traga
o calor reconfortante
que nos põe para dormir
o mesmo poderia ser dito
do Inverno empurrando
o Outono para o abraço do Verão

Snow and ice will come
which is necessary for seeds
to grow
flowers to bloom
birds to nibble
so that eggs can hatch

but all change either
Right or Left
brings something cool
or certainly something missing

Afeni is not only
a cloud sheltering the sun
or the rain braising
the thirsty grass

She is also a season indicating change

She has ascended to the Heavens
to join those She loves
to bring the warmth to our souls
to help us
Grow

Neve e gelo virão
o que é necessário para as sementes
crescerem
as flores desabrocharem
os pássaros bicarem
para que os ovos possam chocar

mas toda mudança tanto
à Direita quanto à Esquerda
traz algo fresco
ou certamente algo que falta

Afeni não é apenas
uma nuvem protegendo o sol
ou a chuva afofando
a grama sedenta

Ela também é uma estação que indica mudança

Ela subiu aos Céus
para se juntar àqueles que Ela ama
para trazer o calor às nossas almas
para nos ajudar a
Crescer

Remembering Maya

I must have met Doc, as we called her, way before I remember. I had moved to New York, Manhattan, to attend Columbia University's M.F.A Program and Doc lived in New York at that time or at least she was around a lot. We all went to each other's readings including the Chicago poets and the novelists who were around. But the first time she absolutely caught my attention was at Mount Holyoke College. Kay Graham was there, Doc, and others including me. It wasn't all that cold but Kaye and Maya had fur coats on. My mother, who was a big fan of the Seven Sisters, had accepted my invitation to come with me. We both had on cloth coats. Doc, as we all know was six feet or over; Kaye was tall, too. Mommy was four foot eleven and I am five foot two so we not only were shorter we felt smaller. I looked at that group and made a silent vow to never allow my mother to be with them again without a fur coat. We purchased one a week after we were at Mommy's home in Cincinnati.

When Mommy died I shared that story with Doc. She laughed. "We had no idea," she said. And laughed again. Mommy owes Doc.

Relembrando Maya

Devo ter conhecido a Doutora, como a chamávamos, muito antes do que me lembro. Eu me mudei para Nova York, Manhattan, para frequentar o Programa de Pós-graduação da Universidade Columbia e a Dra. morava em Nova York naquela época ou pelo menos vivia bastante pela região. Todos nós íamos às leituras uns dos outros, incluindo poetas de Chicago e romancistas que estavam por ali. Mas a primeira vez que ela chamou minha atenção foi na Mount Holyoke College. Estavam lá Kay Graham, a Dra. e outras pessoas como eu. Não estava tão frio, mas Kaye e Maya vestiam casaco de pele. Minha mãe, que era grande fã das Sete Irmãs, as Faculdades para Mulheres, aceitou o convite para vir comigo. Nós duas estávamos usando casacos simples. A Dra., como se sabe, tinha mais de um metro e oitenta; Kaye também era alta. Mamãe tinha um metro e quarenta e nove e eu um metro e cinquenta e sete, então além de sermos mais baixas nós nos sentíamos menores. Olhei para aquele grupo e fiz uma promessa silenciosa de nunca permitir que minha mãe estivesse com elas novamente sem um casaco de pele. Compramos um na semana seguinte em que estivemos na casa da mamãe em Cincinnati.

Quando mamãe morreu, contei essa história à Dra. Ela riu. "Não tínhamos ideia", disse. E riu mais. Mamãe deve uma à Dra.

Like everyone, I have read and reread I Know Why the Caged Bird Sings. And like that caged bird Maya sought an inner freedom. We have only to look at her life to see that she took every ounce of joy life had to offer. In all my years of knowing her I only heard her once speak ill of someone; and that was well deserved.

When Doc moved to Winston-Salem she was only a couple of hours from me so I got to see a lot of her. If I had any inkling Mrs. Christ was frying chicken I'd go down and spend the night. Jay Z sent her a case of that wonderfully expensive champagne and those days I had to spend the night. I loved eating and drinking with Maya.

Everyone came to Doc's place which was great fun. You'd wake up in the morning not knowing who would be down to breakfast. The superstars; the wonderfully funny; old friends from another country; a congressman... you never knew who. And Doc treated them all the same.

I think what made her the force she is was that ability to speak to everyone in the same voice. Our mutual friend Alex Haley always said "Find the good and praise it." Maya took him to heart. She would always seek the good in any situation or she avoided the question.

Our only disagreements were about food. She is a great cook and I think of myself as a good one. We were arguing

Como todo mundo, li e reli *Eu sei por que o pássaro canta na gaiola*. E como aquele pássaro enjaulado, Maya buscou uma liberdade interior. Basta olhar para a vida dela para ver que aproveitou cada gota de alegria que a vida tinha a oferecer. Em todos os anos que a conheci, só a ouvi falar mal de alguém uma vez; e foi merecido.

Quando a Dra. se mudou para Winston-Salem, passou a ficar a poucas horas de mim, então conseguia vê-la bastante. Se eu tivesse alguma pista de que a sra. Christ estava preparando frango, ia passar a noite lá. Jay Z mandou uma caixa daquele champanhe incrivelmente caro para ela e naqueles dias *tive* que passar a noite lá. Adorava comer e beber com Maya.

Muita gente ia à casa da Dra., o que era bastante divertido. Você acordava sem saber quem desceria para o café da manhã. Superestrelas; pessoas engraçadíssimas; velhos amigos de outro país; um congressista... nunca dava para saber. E a Dra. tratava a todos da mesma forma.

Acho que o que a transformou nessa força foi a capacidade de falar com todas as pessoas usando a mesma voz. Nosso amigo em comum, Alex Haley, sempre dizia "Encontre o bem e o exalte". Maya o levou a sério. Ela sempre buscava o bem em qualquer circunstância ou então evitava a situação.

Nossas únicas divergências eram sobre comida. Ela é ótima cozinheira e eu me considero boa cozinheira.

about Rack of Lamb which is one of my specialties. Actually my recipe comes from the late great country cook Edna Lewis. I went home after my visit and decided I should not just talk the talk but walk the walk.

I called my good friend Joanne Gabbin from Furious Flower Poetry Center at JMU to come with me to Doc's to cook. Jo is a great cook, too. We got on Doc's calendar, packed all our ingredients and spices and everything we needed and boogied on down. Doc sat at the head of the table where she could see everything going on in the kitchen. She inspected the Rack, checked the veggies and Jo was also making Blueberry Buckle. We set the table in the big dining room and dinner was served. Doc tasted everything and praised Joanne. I think she loved me a little bit because she, like my only living aunt, always felt free to make minor corrections. "I think the Lamb is a bit overdone," she offered. "Well Edna Lewis is in Heaven and I checked with her before I put this on the table," I responded. We both laughed. I know if the lamb was not done properly she would have eaten it and not said a word. I wanted to fry chicken for her but time just ran out.

This I know: Heaven has beer because my mother is a beer drinker and that's where she and my aunt Ann are. I think Heaven must also have great Scotch since I know Maya is on her journey, now.

Estávamos discutindo sobre Carré de Cordeiro, que é uma das minhas especialidades. Na verdade, minha receita vem da grande cozinheira sulista Edna Lewis, já falecida. Fui para casa depois da minha visita e decidi que não devia falar por falar, mas agir.

Liguei para minha grande amiga Joanne Gabbin, do Furious Flower Poetry Center da Universidade James Madison, para ir comigo cozinhar na casa da Dra. Jo também é ótima cozinheira. Pegamos a agenda da Dra., juntamos nossos ingredientes, temperos e tudo o que precisávamos e corremos para lá. A Dra. se sentou à cabeceira da mesa, de onde podia ver tudo o que acontecia na cozinha. Ela inspecionou o Carré e verificou os legumes. Jo também estava fazendo Blueberry Buckle. Arrumamos a mesa na grande sala de jantar e servimos. A Dra. provou de tudo e elogiou Joanne. Acho que ela me amava um pouco porque, como minha única tia viva, sempre se sentiu à vontade para fazer pequenos comentários. "Achei que o cordeiro cozinhou um pouco demais", ela disse. "Bem, Edna Lewis está no céu e cheguei com ela antes de trazer isso pra mesa", respondi. Nós duas rimos. Sei que se o cordeiro não estivesse bom ela teria comido sem dizer uma palavra. Eu queria preparar um frango frito para ela, mas não deu tempo.

Uma coisa eu sei: no céu tem cerveja, porque minha mãe bebe cerveja e é onde ela e minha tia Ann estão. Acho que o céu também deve ter um ótimo uísque, porque Maya agora está em sua passagem.

A Sincere Apology

There are things, Maya, that I count on:

The sun warming
Bread rising
Rain refreshing

That the universe is fair
And loves me

There are things I respect:

My word to you
Your word to me
Our commitment to our art

There are things that make me sad:

that you would somehow think you had let me down
that you would ever think you had disappointed me
that you were upset with me

because you thought I did not keep my word to you

Friendships are forged with steely determination.

I have always admired you
And how you conducted your career

Uma desculpa sincera

Existem coisas, Maya, com as quais eu conto:

O calor do sol
Pão quentinho
Chuva refrescante

Saber que o universo é justo
E me ama

Existem coisas que eu respeito:

Minha palavra para você
Sua palavra para mim
Nosso compromisso com nossa arte

Existem coisas que me entristecem:

que você de alguma forma pensasse que me deixou na mão
que você pensasse que me decepcionou
que você estivesse chateada comigo

por ter pensado que não mantive minha palavra

Amizades são seladas com determinação de aço.

Sempre admirei você
E como você conduziu sua carreira

It is my Sheer Good Fortune
To get to know you and love you
For how you have conducted your life

This program brought us
Back together

I remember how kind you were
To my mother
How thoughtful you have been

I am so sorry I did not take control
Of what I knew would…

That I had hoped would…
Not happen

You were left alone

And had every right to feel
Not neglected
For you cannot have the adoration of three hundred
  people and be neglected
But abandoned
Someone **knew** what you had to hope:
That Toni was there

But you sat alone… waiting

I so deeply apologize for a stuck elevator
And a nervous cohostess who should have started

É minha Absoluta Grande Sorte
Te conhecer e te amar
Pela maneira como você conduziu sua vida

Aquele encontro nos uniu
De novo

Lembro como você foi gentil
Com minha mãe
Como foi atenciosa

Sinto muito por não ter tomado as rédeas
Do que eu sabia que poderia...

Do que eu queria que...
Não acontecesse

Você foi deixada sozinha

E tinha todo direito de se sentir
Não negligenciada
Pois não se pode ter a adoração de trezentas pessoas
 e ser negligenciada
Mas abandonada
Alguém **sabia** o que você esperava:
Que Toni estivesse lá

Mas você se sentou sozinha... à espera

Peço verdadeiras desculpas por um elevador preso
E uma coanfitriã nervosa que deveria ter começado o

The Lifetime Achievement
The minute you got off your bus

And you should know
You must know
That of all the things I respect
And care for
And count on
Your good wishes for me
Are the bridge I cross
over babbling waters

You can never owe me an apology
Nor ever think that you need explain your actions to me

We are friends
And I count on that

After all:

I have bath salts to try
And some leftover
Johnnie Walker Blue

Have a good trip
But hurry home

Prêmio Grammy de Contribuição em Vida
No minuto em que você saiu do ônibus

E você precisa saber
Você deve saber
Que de todas as coisas que eu respeito
E cuido
E conto
Sua dedicação a mim
É a ponte que atravesso
sobre águas rumorosas

Você nunca vai me dever um pedido de desculpas
Nem nunca pense que precisa me dar explicações de
    suas ações

Somos amigas
E conto com isso

Afinal de contas:

Tenho sais de banho para provar
E um restinho de
Johnnie Walker Blue

Faça uma boa viagem
Mas volte logo para casa

Remembering Maya for Ebony *Magazine*

Doc, as we called her, and I had a common friend: John Oliver Killens. John had agreed to come to Fisk University as our Writer in Residence my junior year and in visiting with him, his daughter, Barbara, and his wife after graduation at some point I met Maya. She was a part of the Harlem Writers Guild along with Rosa Guy and Louise Meriwether among others. We all seemed so much younger then.

Maya essentially, at least in our view, was a memoirist. She had already led an exciting and committed life and had many stories to tell. And told them so well.

I have always thought, after reading Caged Bird, that one of the reasons Doc was so good with languages is that she was silent for those five or six years allowing her heart and mind to absorb sounds in a different way. Much like Ray Charles's going blind allowed him to see differently.

Of course we saw each other over time but I think our friendship blossomed when she moved south. She lived only three hours from me in Winston-Salem—two and a half if there were no police around. The most fun thing was running

Relembrando Maya para a *Ebony Magazine*

A Dra., como a chamávamos, e eu tínhamos um amigo em comum: John Oliver Killens. John concordou em vir para a Universidade Fisk como nosso escritor residente no meu primeiro ano, com sua filha, Barbara, e sua esposa. Em algum momento após a formatura, ao visitá-los, conheci Maya. Ela fazia parte do Harlem Writers Guild junto com Rosa Guy e Louise Meriwether, entre outros. Todos nós parecíamos muito mais jovens naquela época.

Maya era essencialmente, pelo menos na nossa opinião, uma memorialista. Tinha levado uma vida emocionante e engajada e trazia muitas histórias para contar. E contava muito bem.

Sempre pensei, depois de ler *Eu sei por que o pássaro canta na gaiola*, que uma das razões pelas quais a Dra. era tão boa em idiomas era ter ficado em silêncio por cinco ou seis anos, permitindo que seu coração e sua mente absorvessem os sons de uma maneira diferente. Assim como o fato de Ray Charles ter ficado cego permitiu que ele enxergasse de forma diferente.

Nos vimos ao longo do tempo, claro, mas acho que nossa amizade floresceu quando ela se mudou para o Sul. Ela morava a apenas três horas de mim, em Winston-Salem — duas e meia se não tivesse polícia

down to grab a meal or a lovely glass of champagne with her. I could spend some nights allowing her housekeepers a night off. Doc was never alone as far as I could see. I'm not the best watcher but I did keep an ear out.

When Toni Morrison's son, Slade, died I drove down to ask Doc shouldn't we do something. She immediately agreed. We were going to have a celebration of Toni at Wake Forest, her home, but as the planning went forward Doc realized it was going to be more than she could take on. She asked if Virginia Tech would like to do it and we jumped at the opportunity.

Of course, anything you do with Doc will put her at the center. Joanne Gabbin was our cohost so we were in and out of Winston-Salem a lot. It was fun. Doc gets up in the morning, has a nice breakfast, chides folk like me about not eating then has a lovely glass of Chardonnay. I frequently joined her in the latter which was great. You never knew who would come down to breakfast, international stars, great choreographers, songwriters, politicians. You never knew. And it was fun.

When they make the movie Doc: The Story of Maya Angelou *half the fun will be who appears at the table. And*

por perto. Era muito divertido acelerar na estrada para compartilhar uma refeição ou uma bela taça de champanhe com ela. Eu passava algumas noites em sua casa para que as funcionárias pudessem ter uma noite de folga. A Dra. nunca estava sozinha, até onde eu podia ver. Não sou a melhor observadora, mas tenho um ouvido atento.

Quando o filho de Toni Morrison, Slade, morreu, fui de carro até lá para perguntar à Dra. se não deveríamos fazer algo. Ela concordou imediatamente. Celebraríamos Toni na Universidade Wake Forest, onde Maya lecionava, mas à medida que os planos avançavam a Dra. percebeu que estava além do que conseguiria. Perguntou se a Virginia Tech gostaria de se encarregar da programação e aproveitamos a oportunidade.

É lógico que qualquer coisa que alguém fizer com a Dra. a deixará no centro das atenções. Joanne Gabbin foi uma das anfitriãs, então íamos muito a Winston-Salem. Foi divertido. A Dra. se levantava de manhã, tomava um bom café, repreendia gente como eu por não comer e depois tomava uma bela taça de Chardonnay. Com frequência eu a acompanhava nessa última atividade, o que era ótimo. Nunca se sabia quem desceria para o café da manhã, estrelas internacionais, grandes coreógrafos, compositores, políticos. Não havia como saber. E era divertido.

Quando fizerem o filme *Dra.: A história de Maya Angelou*, metade da diversão será ver quem aparece à

quite a table it was. I don't think anyone came into that house who wasn't offered something wonderful to eat. I once took a minibusload of students to Winston to see the Romare Bearden exhibit Ulysses since we were going to Greece later that year. Doc graciously invited us to stop by. I thought we'd just pop in and sing a couple of Christmas carols to her. But she had cakes and cookies and lemonade for us and, and that was a big and, invited us to her table while she told tales and sang to us. I had wanted to invite ten or twelve women to come to Doc's to record some Negro Spirituals this summer. We just couldn't get it done in time.

I certainly will miss her. Just as we were old and could start to slow down and gossip and laugh together she goes on up to Heaven to have a beer or so with my mother and aunt. My chances of Heaven are small but I will get a day pass to visit. Maybe she'll have saved me a glass of that great champagne Jay Z had sent her. That would be very thoughtful, if she does. And I'll take the fried chicken with caramelized onions and a dozen whole garlic cloves. And we'll all eat and laugh and get Merry Like Christmas.

mesa. E é uma mesa e tanto. Não acho que alguém tenha entrado naquela casa sem que algo maravilhoso para comer lhe tenha sido oferecido. Certa vez, peguei um micro-ônibus cheio de estudantes que iam a Winston para ver a exposição Ulysses, de Romare Bearden, já que iríamos para a Grécia no fim daquele ano. A Dra. gentilmente nos convidou para dar uma passada lá. Pensei que fôssemos só dar um pulo e cantar algumas canções de Natal para ela. Mas a Dra. tinha bolos, biscoitos e limonada para nós e — e isso foi um grande *e* — nos convidou para sua mesa enquanto contava histórias e cantava. Eu queria convidar dez ou doze mulheres para virem até a Dra. para gravar alguns spirituals naquele verão. Mas não conseguimos fazer isso a tempo.

Com certeza sentirei falta dela. Justo quando éramos velhas e podíamos começar a pegar leve e a fofocar e rir juntas, ela sobe para o Céu para tomar uma cerveja ou algo assim com minha mãe e minha tia. Minhas chances de ir para o Céu são pequenas, mas vou arranjar um passe de um dia para visitar. Talvez ela tenha separado para mim uma taça daquele maravilhoso champanhe que Jay Z mandou para ela. Seria muito atencioso da parte dela. E vou levar frango frito com cebola caramelizada e uma dúzia de dentes de alho inteiros. E vamos todas comer, rir e ter um Feliz Natal.

At Times Like These
(for Maya Angelou)

*At times like these
We measure our words
Because we are
Measuring a life*

*A friend was not
Lost nor did she
Transition she
Died*

*We recognize a good
Life was led a
Generous heart
Ceases to beat
A hearty laugh will
No longer be
Heard*

*We measure not
The depth
But the width
Of compassion
And passion
And dreams*

*We place our love
Gently*

Em momentos como este
(para Maya Angelou)

Em momentos como este
Nós medimos nossas palavras
Porque estamos
Medindo uma vida

Uma amiga não está
Perdida nem fez uma
Mudança ela
Morreu

Nós reconhecemos uma grande
Vida conduzida por um
Coração generoso que
Cessou de bater
Uma gargalhada calorosa
Não será mais
Ouvida

Não medimos
A profundeza
Mas a amplitude
De compaixão
E paixão
E sonhos

Nós depositamos nosso amor
Suavemente

On the flowers
That cover her
Under the clouds
That embrace her
Into the Earth
That owns her
And now
Reclaims her

We will miss her
Spirit Her demands
Her hopes for us
And therefore Herself

At times like these
We are sad

We gather
We comfort
Each other
Yet still
At times like these
We
Properly
Cry

    Nas flores
Que a cobrem
    Sob as nuvens
Que a abraçam
    Na Terra
Que a possui
    E agora
A toma de volta

    Nós vamos sentir falta de seu
    Espírito Suas exigências
    Suas esperanças para nós
    E portanto d'Ela Própria

    Em momentos como este
    Estamos tristes

    Nos juntamos
    Nos reconfortamos
    Uns aos outros
    Ainda assim
    Em momentos como este
    Nós
    Choramos
    Profundamente

Summer Storms

The clouds
like my Grandmother
carry a load
they can no longer
support

Grandmother sang "Pass Me Not
O Gentle Savior"
The clouds though
crackle
their lightning and thunder

There are those who say
We should run
inside from the storm

But that would be
like leaving Grandmother
at the kitchen table
alone and sad

As she thinks
of her daughters

And it rains

Tempestades de verão

As nuvens
como minha Avó
carregam um fardo
que não podem mais
suportar

Minha avó cantava "Pass Me Not
O Gentle Savior"
As nuvens entretanto
crepitavam
seus relâmpagos e trovões

Há quem diga
Que devemos correr para
dentro quando cai a tempestade

Mas isso seria
como deixar a minha Avó
na mesa da cozinha
sozinha e triste

Enquanto ela pensa
em suas filhas

E a chuva cai

Even as a Little Girl

Even as a little girl
I loved to dust
Especially lightbulbs
In the bathroom
And polish everything
That was silver
Knives forks spoons
And all the little gee gads
Grandmother was so proud
Of

I enjoyed ironing too
Grandpa's undershorts had to be
Creased
And since sheets were all
Flat they could be folded
And ironed
Now the touch with electric
So they can't be smooth
(and you have to send them out
which can be too expensive)
but actually what I loved
was the iron that would scorch
the clothes
irons aren't that hot
anymore
feathers don't remove the dust

Mesmo quando era uma garotinha

Mesmo quando era uma garotinha
Eu adorava tirar pó
Especialmente das lâmpadas
Do banheiro
E polir tudo
Que era prata
Facas garfos colheres
E todos os pequenos bibelôs
Dos quais minha avó tinha tanto
Orgulho

Também gostava de passar roupa
As ceroulas do vovô tinham que ser
Vincadas
E como os lençóis eram todos
Lisos podiam ser dobrados
E passados
Hoje temos a eletricidade
Que pode não ser nada suave
(além de termos que mandar passar fora
o que pode ser muito caro)
mas na verdade o que eu adorava
era o ferro que queimava
as roupas
os ferros não são mais
tão quentes
espanadores não removem mais a poeira

and mostly
I miss
My grandparents
Who took me in
When I was
lost

e principalmente
sinto saudade dos
Meus avós
Quem me acolheram
Quando eu estava
perdida

I Play Football
(for Kevin Jones)

some people plant seeds
for corn and tomatoes and okra
which grow

some people clean land
and at evening you can see
deer eating flowers or just standing
Mother Deer watching her babies

some people live in crowded
cities
and they put out window boxes
with herbs
enchanting the folk who walk by

I play football

I have watched
men work too long
for too little
then come home
to smile at their wives
and children

I have watched
every Sunday

Eu jogo futebol
(para Kevin Jones)

algumas pessoas plantam sementes
de milho e tomate e quiabo
que crescem

algumas pessoas limpam a terra
e à noite você pode ver
cervos comendo flores ou só parados ali
Mamãe Cerva cuidando de seus bebês

algumas pessoas vivem em cidades
abarrotadas
e deixam nas janelas caixinhas
com ervas
e encantam as pessoas que passam

eu jogo futebol

tenho visto
homens trabalhando tanto
por tão pouco
depois voltam para casa
e sorriem para suas esposas
e seus filhos

tenho visto
todo domingo

*Sunday School children offer a psalm
preachers offer hope
a choir offers a voice
and join the community
in prayer
to a Merciful God
that life will be better*

I play football

*I listened to my parents
tell me to go forward
I listened to my teachers
tell me I can
I listened to the wind
whistling in my ear
and sometimes the rain
falling on my back
and I understood
the true heroes of our nation*

*I am doing my part
to be a part of
this community
this school
this team*

*I am humbled
to be considered for
The Hall of Fame
when I know the true heroes*

crianças da escola dominical oferecendo um salmo
pregadores oferecendo esperança
um coral oferecendo uma voz
e se juntando à comunidade
em oração
a um Deus Misericordioso
para que a vida seja melhor

eu jogo futebol

ouvi meus pais
me dizerem para seguir em frente
ouvi meus professores
me dizerem que eu posso
ouvi o vento
assobiando no meu ouvido
e às vezes a chuva
caindo nas minhas costas
e entendi
os verdadeiros heróis de nossa nação

estou fazendo minha parte
para fazer parte
dessa comunidade
dessa escola
desse time

sinto-me honrada
por ser considerada para
O Hall da Fama
quando sei que os verdadeiros heróis

*are the men and women
who every day go forward*

I play football

I hope I have done my share

são homens e mulheres
que todos os dias seguem em frente

eu jogo futebol

espero ter feito minha parte

The Museum (At Last)

President Obama wasn't there at
The Legacy Opening of the African-American Museum,
Maybe he like I would have preferred
Black
So that others would recognize
White
Maybe Brown
And always a combination
Though we don't always know why

Walking finally into
The Hall
Traversing through the airport
Security to show no
Bombs no guns no
Thing but our tears
And fears over all these years to get here

The Little Old Ladies
So dear to all of us
So courageous
So precious
Had taken all
The wheelchairs

They were dressed
To the nines

O museu (enfim)

O presidente Obama não estava presente na
Inauguração do Legado do Museu Afro-Americano
Talvez como eu ele tivesse preferido
Negro
Para que os outros percebessem
Branco
Talvez Preto
E sempre uma mistura
Mesmo que nem sempre entendamos o porquê

Ao finalmente entrar
No Saguão
Passando pela segurança
Do aeroporto para não mostrar nenhuma
Bomba nenhuma arma nada
Além de nossas lágrimas
E medos nesses anos todos até chegar aqui

As velhinhas
Tão queridas por todos nós
Tão corajosas
Tão preciosas
Ocupavam todas
As cadeiras de rodas

Elas estavam vestidas
Cheias de elegância com

Their Sunday hats
Their makeup
Their high heels
Even if they couldn't
Walk
They were smiling
Even as they remembered
Selma and Nina singing
"Mississippi Goddam"
Even though they still felt
The pain of discovering
Emmett Till especially when their arms
Reached to embrace
Fannie Lou Hamer **We Didn't Come for No Two Seats**
Understanding what would await her
When she crossed
The Mississippi border

The Viola Liuzzo who came
Because she couldn't not come looking
At the white men pulling up
To shoot her in the head
And they want to talk about
How they love white womanhood?
We have the photo but where
Is the wedding Ring wouldn't
That be a statement

Dr. Bunch was talking but could not
Be heard

Seus chapéus de domingo
Suas maquiagens
Seus saltos altos
Mesmo que não pudessem
Andar
Elas sorriam
Mesmo diante da lembrança
De Selma e Nina cantando
"Mississippi Goddam"
Mesmo que ainda sentissem
A dor de descobrir
Emmett Till especialmente quando suas mãos
Se esticavam para abraçar
Fannie Lou Hamer **Não Viemos de Tão Longe para Não Ter Dois Lugares**
Sabendo o que a esperava
Quando cruzou
A fronteira do Mississippi

A Viola Liuzzo que veio
Porque ela não podia deixar de vir dar uma olhada
Nos homens brancos que encostavam em seu carro
Para atirar em sua cabeça
E eles querem falar sobre
Como adoram o jeitinho das mulheres brancas?
Temos a foto mas onde
Está o Anel de casamento
Isso não seria uma declaração?

Dr. Bunch estava falando mas não podia
Ser ouvido

He who talked to hundreds of thousands
Was not there to speak
Or eat how lovely
To have had Martin to
Bless
That table
The gentlemen in their Black
And White partaking of this table
Feasting on the beautiful food
And drink calling
Out to each other those
Who had survived
Smiling with each other
Those who had come
These 50 Years
Embracing each other not
On the loss of Martin
Or Rosa
Or Thurgood
But in the standing embrace
That all people are created Equal
And today we felt their singing
And dancing and drinking with us
Because today we are
For one
Brief moment
Free

O homem que discursava para centenas de milhares
Não estava lá para falar
Ou comer incrível mesmo
Seria ter Martin para
Abençoar
Aquela mesa
Os cavalheiros em seu Preto
E Branco participando daquela mesa
Se deleitando com aquela bela comida
E bebida brindando
Uns aos outros por aqueles
Que sobreviveram
Sorrindo entre si
Por aqueles que vieram
Nestes 50 Anos
Se abraçando não
Pela perda de Martin
Ou Rosa
Ou Thurgood
Mas se abraçando
Porque todas as pessoas foram criadas Iguais
E hoje nós sentimos seu canto
E sua dança e sua bebida conosco
Porque hoje nós estamos
Por um
Breve momento
Livres

Nota da tradução

Ao longo deste livro, Nikki Giovanni faz menção a artistas, canções, danças, intelectuais, ativistas e instituições diversas do contexto negro norte-americano e africano. Por se tratar de poesia, e por serem próprias da cultura dos Estados Unidos, essas referências nem sempre são autoexplicativas.

No poema "Espaço: nossa fronteira" (p. 29), a autora menciona a travessia atlântica (no original em inglês *Middle Passage*, Passagem do Meio). A passagem do meio é a parte mais longa da travessia atlântica e era uma rota do comércio triangular — principal instrumento do tráfico negreiro, no qual navios saíam da Europa, passavam pela África comprando ou sequestrando pessoas e as levavam até a América para serem vendidas e escravizadas (envolvendo ainda a troca de mercadorias como metais preciosos e produtos agrícolas, cultivados por pessoas escravizadas). Entre 1690 e 1839, 18 767 viagens cruzaram o Atlântico.

No mesmo poema, no verso "Não vamos mandar nossos filhos morrerem para que os Shenandoah tenham escravos", Giovanni continua a fazer alusões a grandes viagens. "Shenandoah" é uma canção tradicional norte-americana, possivelmente originária de viajantes e comerciantes norte-americanos que viajavam pelo rio Missouri. O título se refere ao chefe nativo-americano Shenandoah e um comerciante que

queria se casar com sua filha — uma história como muitas outras que relativiza o abuso de mulheres indígenas por homens brancos. Várias cidades nos Estados Unidos levam o nome como homenagem, além do vale do Shenandoah, que fica na Virgínia e faz parte da cordilheira dos Apalaches.

Em "Onde fica Lincoln Heights" (p. 57), é citada The Isley Brothers, banda de soul e blues formada no final dos anos 1950, em Cinicinnati.

Juanita Britton, homenageada em "Konko sob a chuva" (p. 77), era artista e dona de galeria em Washington quando foi convidada por Nana Mosi — chefe de uma aldeia em Gana que havia sido seu namorado — a ser a "Rainha Mãe Nana Badwe Adubiya II" da aldeia Konko. O título foi concedido em troca da colaboração para reconstruir a economia de seu povo. O texto foi escrito quando da nomeação de Juanita.

Touré, citado em "Os pés de Touré" (p. 79), além de amigo da autora, é produtor e escritor, conhecido do público norte-americano pelo programa *Touré Show*. No mesmo poema, no penúltimo verso, "Anguilla Folia" (em inglês "*Anguilla Jollification*") refere-se à Anguila, território britânico ultramarino no Caribe Oriental formado por uma pequena ilha e diversas outras ilhotas e conhecido no passado como "The Rock" (A Pedra). O ambiente árido da região dificultava plantações, o que contribuía para a fome, mas os povos africanos escravizados por colonos britânicos conseguiram cultivar os próprios lotes de terra e até hoje os anguilanos são conhecidos pelas casas de

pedra e pela capacidade de sonhar e fazer acontecer, mesmo num ambiente inóspito. A Alegria (*Jollification*), portanto, faz parte dessa cultura.

Big Maybelle, citada no poema homônimo (p. 99), foi uma célebre cantora de blues. Sua canção "Candy", mencionada em alguns versos, recebeu o prêmio Grammy Hall of Fame Award em 1999.

Em "A mosca na parede" (p. 111), Giovanni cita "Little Miss Muffet", canção de ninar tradicional de origem inglesa. Em tradução livre: "Pequena Miss Muffet/ Sentou num banquinho/ Para comer coalhada/ Veio uma aranha/ E sentou ao seu lado/ Assustando a Miss Muffet".

No poema "Chega mais" (p. 125), Giovanni explica como alguns ritmos e danças foram criados não apenas como arte, mas também para promover a comunicação e a organização de rebeliões, e cita o *hambone* e o *stepping*. Hambone — também conhecido como juba ou giouba e djiouba ou martinica no Caribe — é um conjunto de ritmos da África Ocidental trazido à América pelas pessoas escravizadas e costumava ser dançado em grupos. O estilo percussivo foi adaptado após a Rebelião de Stono de 1739 na Carolina do Sul, quando vinte pessoas escravizadas organizaram um levante perto das margens do rio Stono, tocando tambores enquanto marchavam pelas ruas. Os sons atraíram uma multidão de outras pessoas escravizadas que aderiram à revolução, mas também colonos brancos que mataram a maioria dos rebeldes. Como consequência, os instrumentos foram proibidos. Depois desse episódio, surgiu a dança corporal percussi-

va (conhecida hoje como *stepping*) com a substituição dos tambores pelo próprio corpo, que criava um padrão de ritmo. Em círculo, as pessoas batiam palmas, estalavam dedos e língua, pisavam o chão com vigor, tocavam os calcanhares e batiam nas coxas, nos joelhos e no peito enquanto giravam em círculo e desafiavam uns aos outros, numa espécie de pergunta e resposta. Ao fim, diziam "Juba, Juba!". Mais tarde, acabou originando o sapateado, e alguns ritmos foram copiados pelo rock.

Em "Fisk: a turma de 1964" (p. 89), são citadas diversas pessoas negras: o intelectual, escritor e ativista W. E. B. Du Bois, autor de, entre outras obras, *As almas do povo negro* (1903; publicado no Brasil em 2021 pela editora Veneta, em tradução de Alexandre Boide); James Weldon Johnson, escritor, educador, membro do Renascimento do Harlem e ativista; o historiador e professor John Hope Franklin, autor de *From Slavery to Freedom: A History of African Americans* (1947) [Da escravidão à liberdade: Uma história de afro-americanos], obra que aborda a presença negra nos Estados Unidos para além da óptica da escravidão; os Jubilee Singers, conjunto de canto à capela formado por estudantes da Universidade Fisk; Leslie M. Collins, escritora e professora de inglês e literatura da Harlem Renaissance, na Fisk; e o poeta, ensaísta e educador Robert Hayden.

Além dos vários poemas em que a autora cita amizades e memórias da Universidade Fisk, a Virginia Tech (Instituto Politécnico e Universidade Estadual da Virgínia) também merece destaque. O campus é men-

cionado no lema *Ut Prosim* (no poema "O velho homem da montanha", p. 155) e em alusões aos prédios e departamentos acadêmicos e à pedra Hokie (p. 177) — também chamada de "nossa pedra nativa" e "*hokie stone*" pelos frequentadores da Virginia Tech. Trata-se, na verdade, da dolomita, mineral encontrado nas montanhas Apalaches e mais prevalente na Virgínia, no Tennessee e no Alabama. Já que a Virginia Tech nasceu com uma concessão de terras, seus prédios, de arquitetura neogótica, foram construídos a partir dessa pedra, que se tornou sua "marca registrada". No mesmo poema, a autora fala sobre a tradição do corpo de cadetes, considerado guardião das tradições da Virginia Tech e que dava apoio aos calouros. No poema "Voleibol: um balé" (p. 63), além de falar do time da VT, Giovanni relembra as cores laranja e grená, presentes em todos os uniformes esportivos e no brasão da universidade. Já em "Nós Marchamos" (p. 141), a poeta cita a Delta Sigma Theta — uma das maiores irmandades de mulheres negras do mundo, fundada na Universidade Howard e expandida para várias outras, inclusive a VT.

"Introdução para Tim O'Brien" é uma homenagem ao escritor norte-americano que foi soldado no Vietnã. Seu livro de contos *The Things They Carried* (1990) [As coisas que eles carregaram] foi adaptado para o cinema e está em processo de filmagem.

Donna Maria Smith, citada em "SALTO para pontes" (p. 189), é uma escritora, poeta e palestrante que ministra oficinas de escrita criativa para grupos dos mais diversos. É também fundadora da Poetry in Precints

[Poesia nas Delegacias], ONG que visa melhorar a relação entre policiais e jovens por meio da poesia.

"Afeni" (p. 193) é uma homenagem a Afeni Shakur, empresária, mãe do rapper Tupac Shakur e importante líder do Partido dos Panteras Negras. Após a morte do filho, ela criou a Fundação Tupac Amaru Shakur, voltada para programas relacionados à juventude.

No poema "Uma desculpa sincera" (p. 203), a autora faz referência ao "Sheer Good Fortune", festa em homenagem a Toni Morrison, que celebrava 82 anos em 2013. Nesse evento, que durou dois dias inteiros na Virginia Tech, Giovanni e sua amiga Maya Angelou, entre diversas outras autoras, dividiram o palco lendo obras de Morrison. No texto "Relembrando Maya, para a *Ebony Magazine*" (p. 209), Giovanni fala da exposição Ulysses, de Romare Bearden, que a inspirou a escrever "Poseidon ouve seu filho chorar" (p. 163).

O último poema do livro, "O museu (enfim)" (p. 231), cita diversas personagens históricas e ativistas negras que lutaram pelos direitos civis, como Fannie Lou Hamer, cujos versos "Não Viemos de Tão Longe para/ Não Ter Dois Lugares" fazem referência à ida com outros representantes negros à Convenção Nacional Democrata em 1964, quando exigiram assentos com participação ativa. Hamer foi fundamental na luta pela participação política de pessoas negras nos Estados Unidos, sobretudo no Mississippi, tendo se tornado vice-presidenta do Partido Democrático da Liberdade do estado. Outra mulher citada no poema é Viola Liuzzo, ativista branca que militava pelos di-

reitos civis e que participou na coordenação das Marchas de Selma e Montgomery. Pouco depois das manifestações, enquanto estava num carro com outros ativistas, foi baleada e assassinada por membros da Ku Klux Klan. São mencionados ainda dr. Bunch, o diretor do museu; Martin Luther King; Rosa Parks; e Thurgood Marshal, primeiro juiz negro da Suprema Corte dos Estados Unidos.

ESTA OBRA FOI COMPOSTA POR ACOMTE EM MERIDIEN E IMPRESSA EM
OFSETE PELA GRÁFICA PAYM SOBRE PAPEL PÓLEN NATURAL DA SUZANO S.A.
PARA A EDITORA SCHWARCZ EM AGOSTO DE 2023

A marca FSC® é a garantia de que a madeira utilizada na fabricação do papel deste livro provém de florestas que foram gerenciadas de maneira ambientalmente correta, socialmente justa e economicamente viável, além de outras fontes de origem controlada.